ro
ro
ro

ro
ro
ro

Wolfram Eicke

# Das silberne Segel

Rowohlt Taschenbuch Verlag

Originalausgabe
Veröffentlicht im Rowohlt Taschenbuch Verlag,
Reinbek bei Hamburg, Dezember 2005

Lektorat Christiane Steen
Umschlagillustration Daniela Chudzinski
Umschlaggestaltung any.way, Andreas Pufal
Satz Plantin PostScript InDesign
bei Pinkuin Satz und Datentechnik, Berlin
Druck und Bindung Clausen und Bosse, Leck
Printed in Germany
ISBN 3 499 21319 2

*Den Seelen und Kräften gewidmet,*
*die meinen ganz eigenen Weg zum silbernen Segel*
*ermöglichen und begleiten.*
*Und Dank an Clifford Wells, der sich auskennt*
*mit der Welt der Seefahrt im 17. Jahrhundert.*

# Inhalt

1. Kapitel

# Die Waldhütte

*Ist einer mutig genug? Glaubt einer an den Traum?*
*Macht sich einer auf den Weg?*
*Unsere Herzen, dunkel vor Angst, ersehnen*
*den Schimmer des silbernen Segels.*
*Eines Tages kommt die Zeit. Einer stellt sich den*
*Gefahren, vertraut dem Licht die Herrschaft an …*

Im Traum hört Randolf Schreie. Und Schüsse. Er wälzt sich im Bett, aber die Geräusche verschwinden nicht. Was ist das für ein Rumpeln und Poltern in der Nacht? Randolf öffnet schlaftrunken die Augen, er blinzelt nach dem Mond, der durchs Fenster scheint. Der Tumult ist lauter geworden. Kommt das aus dem Wohnzimmer oder aus der Schneiderwerkstatt seines Vaters?

Plötzlich ein Krachen im Zimmer unter ihm. Klirren von Glas, Zersplittern von Holz, der schrille Schrei seiner Mutter. Mit einem Ruck springt Randolf aus dem Bett. Er hört die Stimme des Vaters, kaum wiederzuerkennen, sie klingt fast wie ein tierisches Brüllen: «Randolf! Rette dich!»

Polternde Schritte kommen die Treppe hoch. Schwere Stiefel. Viele Stiefel. Das müssen sie sein. Die fremden Soldaten! Der Krieg ist ins Dorf gekommen. In ihr Haus! Was wollen die Soldaten von ihnen? Sie haben niemandem etwas getan. Und Randolfs Vater ist nur ein einfacher Schneidermeister.

Das Bett seiner Schwester ist leer.

Randolfs Körper funktioniert plötzlich wie ein Automat. Angst, eine Todesangst wie nie zuvor, aber gleichzeitig auch ein unbändiger, mächtiger Wille zum Leben. Kein Nachdenken mehr, kein Überlegen, kein Zögern. Barfuß, im Nachthemd, klettert Randolf aus dem Fenster.

Von oben blickt er auf ein Getümmel in der Straße. Brennende Fackeln, wiehernde Pferde. Rufen, Getrampel. Horden von Soldaten stürmen die Nachbarhäuser.

Aufs Dach! Er schwingt sich hoch, sein Körper hat plötzlich eine ungeheure Kraft.

Schon hört er, wie in seinem Schlafzimmer die Tür eingetreten wird.

Randolf presst sich liegend auf die Dachziegel und zieht sich vorsichtig Stück für Stück weiter in Richtung Schornstein. Zum Glück liegt noch kein Schnee. Aber kalt ist das Dach! Eisig kalt. Ein scharfer Novemberwind beißt in der Nase. Randolf kauert geduckt hinter dem Schlot.

Am liebsten würde er die Augen schließen, aber er lugt wie gebannt nach unten auf die Straße. An der Spitze des Soldatentrupps sitzt ein großer Reiter auf einem gepanzerten Pferd. Er hebt den Arm und gibt einen Befehl. Der Arm ist steif, er steckt bis zum Ellenbogen in einem langen Handschuh aus flammend rotem Leder, von einer flackernden Fackel beleuchtet.

Gibt er gerade den Befehl, Randolf zu suchen? Wurde sein Verschwinden also schon bemerkt?

Er hört, wie sich unter ihm zwei Soldaten aus dem Fenster beugen und etwas in einer fremden Sprache rufen. Ob sie das Dach absuchen werden?

Noch tiefer verkriecht sich Randolf hinter dem Schornstein.

Hoffentlich schaut niemand zu ihm hoch! Verdammt, warum sind Nachthemden nicht schwarz? Hier oben sitzt er in der Falle.

Vorsichtig schaut Randolf sich um: Das Haus ist nicht umstellt. Der Garten nach hinten liegt still und verlassen.

Dort steht die hohe Eiche, ihre Äste ragen bis über das Dach. Nichts wie weg! Randolf macht einen Satz, er packt mit beiden Händen einen Ast und klettert hastig den Baum herunter. Ein letzter Sprung auf den harten, kalten Boden, und schon rennt Randolf mit großen Sätzen durch den Garten zum Wald.

Hinter dem Garten beginnt schon der Wald. Hier ist das Dorf zu Ende. Oft hat Randolf in dem Wald gespielt. Mit seinen Freunden. Krieg haben sie gespielt. Dass sie Soldaten sind …

Laufen, laufen! Wird er verfolgt? Wie einen Traumblitz sieht er in seinem Kopf wieder und wieder das Bild von dem Mann mit dem roten Lederhandschuh. Da vorne ist schon der umgeschlagene Baum, der wie eine Brücke über dem Bach liegt. Weiter, weiter! An den drei Buchen vorbei, jetzt links abbiegen. Kurz umschauen: Nein, niemand ist hinter ihm. Randolf spürt nicht die eisige Kälte an den Füßen, fühlt nicht den kalten Wind, er will nur leben. Leben! Wohin soll er laufen?

«Rette dich!», hämmert in seinem Kopf die brüllende Stimme seines Vaters.

Er muss plötzlich an die verfallene Hütte denken. Letztes Jahr hat er sie mit seinem Vater entdeckt, beim Pilzesammeln, hinten bei dem kleinen See. Früher hatte dort ein alter Sonderling gehaust, ganz für sich allein im Wald. Ja, die Hütte ist das Einzige, was in Frage kommt. Da ist er windgeschützt, und es liegen noch Reste von Decken und Matten drin. Und durch den Wald kommen die Soldaten bestimmt nicht. Es gibt keine richtigen Wege, alles schief und krumm. Was sollten sie hier suchen? So wichtig ist er nicht.

Randolf kämpft sich am Bach entlang. Zweige schlagen ihm ins Gesicht, seine nackten Füße stoßen gegen Steine und Baumwurzeln. Er zwängt sich durch ein Gestrüpp, Dornen reißen an seinem Nachthemd und ritzen seine Haut. Weiter, weiter! Jetzt läuft er eine Weile auf weichem Moos, dann wird der Weg wieder steinig.

Nach einer Stunde hat er die Hütte erreicht.

Dunkel und muffig und kalt ist es hier.

Aber der kleinere Raum ist noch heil. Sogar das Dach. Randolf lässt sich keuchend in einer Ecke auf den Boden fallen. Alles dreht sich um ihn.

Dass Krieg im Land ist, weiß Randolf seit seiner Kindheit. Die Erwachsenen sagen, der Krieg hat schon vor Randolfs Geburt begonnen, im Jahre 1618, also vor über 13 Jahren. Aber weit draußen im Land.

Bei ihnen im Dorf war nie etwas vom Krieg zu spüren. Irgendwo, in entfernten Städten und Dörfern, stachen Männer mit Schwertern und Lanzen aufeinander ein, es wurde erzählt von Schlachten und von Plünderungen … Das war schon immer so. Neulich war ein Flüchtling gekommen, der hatte von Kämpfen in der Nähe erzählt, nur sechs Tagesreisen entfernt, aber keiner mochte glauben, dass der Krieg noch weiter in diese Richtung kommen würde.

Und jetzt ist er da. Der Mann auf dem gepanzerten Pferd mit dem flammend roten Handschuh …

Randolf kann den Schrei seiner Mutter nicht vergessen.

Keiner von den Erwachsenen hat ihm je genau erklären können, warum der Krieg geführt wird. Es geht um Macht, um Eroberung von Handelswegen, aber irgendwie auch um Religion – so genau weiß das keiner. Und jetzt hockt Randolf hier in dieser nassen Hütte und weiß nicht mal, ob sein Elternhaus noch steht!

Randolf zittert vor Kälte. Durch die Türöffnungen pfeift der Wind. Die kaputten Türen hängen schief in den Angeln und lassen sich nicht mehr schließen.

In der ganzen Hütte sucht er Wäschefetzen, Tücher, Decken und Mattenreste zusammen und deckt sich in einer Zimmerecke damit zu. Anfangs klappert er noch mit den Zähnen, aber allmählich wird ihm warm.

Und endlich kann er weinen. Ein ersticktes Schluchzen bricht aus ihm heraus, als er an seine Schwester und an die Eltern denkt.

Noch heute hatten sie über seinen Geburtstag gesprochen. Was er sich wünscht. Nächsten Monat wird er 14 Jahre. Und nichts wird mehr so sein, wie er es kennt …

Dann fallen ihm die Augen zu. Erschöpft schläft er ein.

Plötzlich schreckt er hoch. Ein Geräusch! Durch das gesprungene, schmutzige Fenster schimmert schon die graue Morgendämmerung.

«Randolf?», flüstert eine heisere Stimme. In der Zimmertür steht sein Vater. Er blutet am Kopf, stützt sich auf einen Knüppel und kommt mit schleppenden Schritten heran.

«Vater!» Randolf springt auf, sie umarmen sich.

«Dacht ich's mir doch, dass ich dich hier finden würde …» Der Vater kann kaum sprechen. Er hustet, er spuckt Blut. Randolf hilft ihm, sich auf das Nachtlager zu setzen. Stöhnend lehnt der Vater den Kopf an die Wand.

Im kaputten Nebenraum findet Randolf einen verbeulten Topf. Er läuft an den See und holt Wasser.

Nachdem beide getrunken haben, erzählt der Vater. «Unser Dorf ist jetzt Winterlager für die Soldaten. Damit sie warm und trocken sind, wenn der Schnee kommt. Und damit den Herren Soldaten keiner die Vorräte wegfrisst, haben sie fast alle Dorfbewohner erschlagen. Nur ein paar von uns wurden verschont. Als Knechte für die Besatzer.»

Randolfs Hals ist trocken, als er fragt: «Und Mutter? Und Katharina?»

Der Vater schließt stöhnend die Augen und zeigt auf die blutende Wunde am Kopf. «Ich konnte ihnen nicht helfen. Nur wir beide sind noch übrig, mein Junge. Zum Glück hab ich dich gefunden.»

Randolf wäscht ihm das Blut ab. Zweimal muss er neues Wasser holen. Es kommt ihm vor, als beobachte er von außen, wie sein Körper arbeitet. Alles erscheint so schrecklich, so unwirklich, als träume er einen schweren, bösen Traum. Er reißt ein paar Wäschestücke in Streifen, als Verband für die Wunde.

Der Vater beißt die Zähne zusammen, seine Hände umklammern krampfhaft den Knüppel.

Die Augen fallen ihm zu, er muss unbedingt schlafen. Randolf deckt ihn zu. Er selber friert in seinem dünnen Nachthemd. Solange der Vater schläft, kann Randolf seine Stiefel anziehen. Und die Pelzjacke.

Die Sachen passen ihm. Randolf ist groß für sein Alter.

Und nun? Er schaut auf den schlafenden Vater. Röchelnd und stoßweise geht der Atem.

Plötzlich schlägt der Kranke die Augen auf. Sie glänzen im Fieber, aber sie erkennen Randolf. Der Vater lächelt, er atmet tief durch und beginnt zu sprechen. Nur mühsam kann er die Worte formen. «Seit ich jung war … hatte ich immer gehofft –», der Vater hustet, «gehofft, dass ich mich … eines Tages doch nochmal auf die Suche machen könnte … aber – immer kam etwas dazwischen …»

Auf die Suche machen? Auf welche Suche? Was redet sein Vater da? Hat das Fieber ihm den Kopf verwirrt?

Der Vater seufzt und schließt die Augen. «Ich hatte so oft davon geträumt ...»

«Wovon geträumt? Was wolltest du suchen?»

«Das silberne Segel, mein Junge, das silberne Segel!»

Der Vater ist wieder eingeschlafen. Sein Atem rasselt und pfeift.

Wo sollen sie hier einen Arzt finden? Mitten im tiefen Wald, weit weg von jedem Dorf ... Der Vater muss viel Blut verloren haben. Er ist weit gelaufen, und noch hier durch die Hütte zieht sich eine Spur von feinen, dünnen Blutstropfen auf dem Boden.

Wenn er aufwacht, muss er etwas Kräftiges zu essen bekommen. Wer Blut verloren hat, braucht – eine Fleischsuppe. Wie der Kutscher neulich, dem das Pferdefuhrwerk den Fuß zerquetscht hat. Als Randolf daran denkt, wie Mutter dem Kutscher die Fleischsuppe gebracht hatte, knurrt ihm selber der Magen.

Randolf durchsucht die Taschen in der Pelzjacke seines Vaters. Nichts Essbares. Nur der Feuerstein, eine Nähnadel, eine Rolle Garn und das große, scharfe Messer, das sein Vater immer dabeihat. Randolf greift nach dem Messer. Vielleicht findet er einen Hasen. Oder ein Reh.

Er stellt den Wassertopf so in Reichweite, dass Vater ohne Mühe danach greifen kann, wenn er aufwacht. Noch einmal beugt er sich zu dem Kranken, streicht ihm eine Haarsträhne aus der Stirn, tupft ein paar Schweißperlen ab. Der Vater muss starke Schmerzen haben. «Ich komm bald zurück», flüstert Randolf und macht sich auf den Weg.

Vorsichtig pirscht er am Seeufer entlang. Bestimmt wird hier irgendwann ein durstiges Tier zum Trinken kommen. Wie steht der Wind? Randolf leckt seinen Zeigefinger an und hält ihn prüfend in die Luft. Das Gebüsch da vorne steht genau richtig. Wenn er sich dahinter versteckt, kann kein Tier am See seine Witterung aufnehmen.

Die Knie sind beinahe steif gefroren. Hätte er dem Vater auch noch die zerrissene, blutverschmierte Hose ausziehen sollen? Randolf duckt sich hinter den kahlen Strauch und späht mit starrem Blick am Seeufer entlang. Kein Rascheln, kein Knacken entgeht ihm. Das Messer hält er fest in der Hand.

Allmählich kriecht die Kälte an den Beinen entlang unter das Nachthemd und die Pelzjacke und in die harten, kalten Stiefel. Wie lange lauert er schon? Vergeudet er hier nicht seine Zeit? Vielleicht ist sein Vater inzwischen aufgewacht und braucht Randolfs Hilfe. Wenn er bloß wüsste, was richtig oder falsch ist! Noch gestern waren sie eine zufriedene, fröhliche Familie …

Niemals zuvor hat Randolf sich so klein, so hilflos und so verlassen gefühlt. Und so kalt und traurig und so müde. Er merkt kaum, wie ihm die Tränen in die Augen steigen.

Randolf lauert weiter am Ufer. Die Augen hat er sich trocken gewischt. Da, ein Eichhörnchen! Aber es ist zu flink, und Randolf hat sein Messer zu spät geworfen. Stöhnend holt er es sich zurück. Und verscheucht dabei ein Reh, das gerade herankommen wollte. Es ist zum Heulen!

«Das silberne Segel», hört er plötzlich in seinem Kopf die Stimme des Vaters, «du musst es suchen! Ich kann dir dabei helfen ...»

Die Stimme klingt eindringlicher und schärfer, als Randolf sie jemals im Leben gehört hat. Ihm ist, als müsse er rasch zurück zur Hütte laufen. Irgendetwas stimmt nicht mit seinem Vater.

So stark und so seltsam ist dieses Gefühl, dass Randolf nicht mehr ans Jagen denken kann.

Randolf rennt. Was war das für ein unmenschlicher Ton, der plötzlich aufheulte und sofort wieder erstarb? Die nackten Knie schmerzen, sie sind starr vor Kälte, aber Randolf achtet nicht darauf. Er rennt, so schnell er kann, zur Hütte.

Vor dem Krankenlager seines Vaters sieht er einen toten Wolf liegen. Der Vater hat ihn erschlagen.

Es war das Letzte, was er im Leben getan hat.

Starr vor Schreck merkt Randolf, dass der Vater nicht mehr atmet.

Darum hatte er dieses unheimliche Gefühl! Aber er ist zu spät gekommen!

Mit einem Aufschrei gibt Randolf dem toten Wolf einen Fußtritt. Dann lässt er sich kraftlos auf das Lager sinken und bedeckt den Kopf seines Vaters mit Küssen.

«Lass es nicht wahr sein, bitte lass mich nicht allein! Vater! Was soll ich denn tun, wenn du … wenn ich …?»

Schluchzend schlingt er seine Arme um den leblosen Körper.

Stunden hat er so gesessen, die Augen geschlossen. Erfrieren!, schießt ihm ein Gedanke durch den Kopf. Nur so kann er diesem grauenhaften Albtraum entfliehen: wenn er hier sitzen bleibt, bis er erfriert. Wegtauchen. Nichts mehr fühlen müssen. Nie mehr. Keinen Kummer, keinen Schmerz, keine Traurigkeit, keinen Hunger …

Plötzlich scheint es ihm, als sei er von einem strahlend hellen, silbrig schimmernden Licht umgeben. Wie umflossen – ja, umflossen von einem warmen Meer aus Licht. Ein tiefes, wohliges Gefühl durchströmt ihn. Das Licht ist so schön, so hell und so weit …

«Gib nicht auf!», hört er die Stimme seines Vaters. «Wach auf, Randolf!»

Mit einem Ruck reißt er die Augen auf.

Leben!, hämmert es in seinem Inneren. Auf einmal ist da eine Gewissheit: Das Licht, das er vorhin gesehen hat, gibt es nicht nur im Traum. Er kann es auch im wirklichen Leben finden! Ist es das, was ihm sein Vater erzählen wollte? Hängt das mit diesem silbernen Segel zusammen?

Er zwingt sich zum Aufstehen. Bewegen! Warm werden! Den starren Körper in Bewegung bringen! Irgendetwas tun, was auch diesen wahnsinnigen Hunger betäubt.

In der Hütte liegt eine verrostete Spitzhacke.

Stunde um Stunde hat Randolf wie ein Besessener gearbeitet.

Mit aller Wut, mit aller Kraft, mit aller Traurigkeit.

Als es dunkel wird, steckt auf einer zugestampften Grube, im Waldboden abseits der Hütte, ein zusammengebundenes Kreuz aus Lattenholz.

2. Kapitel

# Der Krieg

Viel, viel später wird man über diese Zeit sagen: «Das war im Dreißigjährigen Krieg.» Davon weiß Randolf nichts. Er hat keine Vorstellung, wie lange der Krieg schon dauert und wann er einmal enden wird.

Schon jetzt sind Hunderte von Dörfern verwüstet, ganze Städte in Schutt und Asche gelegt.

Und schon seit Jahren ist es kein richtiger Krieg mehr.

Die Horden, die plündernd durch das Land ziehen, die wahllos alles ermorden und verbrennen, was ihnen in den Weg kommt, das sind keine Soldaten mehr. Es sind Verbrecherbanden in schmutzigen und abgerissenen Uniformen. Was sie zum Stehlen, zum Töten, zum Fressen und zum Saufen finden, wird von ihnen gestohlen, getötet, gefressen und gesoffen.

Viele Heimatlose und Vertriebene irren durch die Straßen, auf der Suche nach Essen, nach Arbeit, auf der Suche nach einer Unterkunft.

Einer von ihnen ist Randolf. Er trägt eine Hose, die er sich aus dem Fell des Wolfes genäht hat. Müde und hungrig schleppt er sich von Dorf zu Dorf und findet eine Welt, von der er nichts wusste.

In den vierzehn Jahren seines Lebens kannte er nur sein Heimatdorf Undeloh in der Lüneburger Heide und die benachbarte Stadt Lüneburg, in der er ein paar Mal mit dem Vater zu Markttagen gewesen war. Er kannte das geruhsame Leben der Handwerker und der Bauern im Dorf: Tagsüber wurde gearbeitet, abends saßen die Leute vor ihren Häusern und plauderten. Es wurde erzählt und gescherzt, es gab Familienfeiern und Dorffeste, und für die Kinder war das ganze Dorf ein einziger Spielplatz.

Er kannte auch das bunte, aufgeregte Treiben in der Stadt, wo gehandelt, gerufen, gestritten und gelacht wurde. Er glaubte, das Leben und die Menschen zu kennen, er kannte freundliche und hilfsbereite Menschen, hatte auch ein paar mürrische und geizige kennen gelernt, aber überall arbeiteten und bezahlten die Leute für das, was sie zum Leben brauchten.

Diese vertraute Welt ist verschwunden. Nicht mehr zu finden. Als ob sie ausgelöscht wäre oder niemals existiert hätte.

«Arbeit? Du suchst Arbeit?» Verkniffene, misstrauische Augen starren ihn an. «Ich hetze die Hunde auf dich, wenn du nicht sofort von meinem Grundstück verschwindest!»

Die Leute halten ihn für einen streunenden Verbrecher. Niemand glaubt ihm, dass er wirklich arbeiten will und nichts zum Stehlen sucht.

In den Dörfern und Städten scheinen nur noch Diebe und Betrüger zu leben. Jeder ist der Feind des anderen.

Alle fürchten sich davor, im nächsten Augenblick ausgeraubt oder erschlagen zu werden. Die Einwohner haben sich in Raubtiere verwandelt. Jeder holt sich, was zu holen ist. Und die Kinder spielen nicht mehr, sie prügeln und stehlen wie die Erwachsenen.

Die Menschen leben schon seit so langer Zeit in ständiger Angst, dass viele von ihnen halb wahnsinnig geworden sind.

Randolf spürt diese Angst selber, wenn er unter Menschen ist. Als sei Angst eine ansteckende Krankheit.

An einer Brücke haben zwei Fuhrleute Rast gemacht. Sie lehnen am Geländer, sie plaudern. Ihr Fuhrwerk, das vor der Brücke steht, ist ein Karren mit hohen Rädern und zwei Zugpferden im Geschirr. Die Pferde grasen geduldig.

Warum gucken ihn die Männer so an? Haben die es auf Randolf abgesehen?

Als er näher kommt, klettern die Fuhrleute plötzlich wieder auf den Wagen und rumpeln davon.

Könnten das Späher sein?

Gehören die zu dem Mann mit dem roten Lederhandschuh? Wieder und wieder hat sich das Bild in seine Erinnerung geschoben: der flammend rote Handschuh, wie anklagend ausgestreckt in Randolfs Richtung. Der Handschuh ist von einer Fackel beleuchtet, das rote Leder glüht und flackert, als ob es selbst in Flammen steht.

Und Randolf läuft weg.

Wohin? Darüber hat er schon lange nicht mehr nachgedacht. Irgendwohin, wo es keinen Krieg mehr gibt. Weg, so weit weg wie möglich.

Gehen, gehen. Manchmal so langsam, dass er Stunden braucht, um ein kleines Stück vorwärts zu kommen; manchmal so schnell, dass es in ihm dröhnt. Wenn er nicht mehr weiterkann, legt er sich schlafen. Es ist nicht schwierig, in dünn besiedelten Gegenden einen Schlafplatz zu finden. Aber Randolf hätte später nicht sagen können, wie es dort ausgesehen hat. Die Landschaft existiert kaum für ihn, sie ist nichts als ein Ort, wo man laufen und sich verstecken muss.

Aber der Hunger treibt ihn immer wieder dorthin, wo Menschen wohnen.

Inzwischen ist Schnee gefallen. Die weiße, weite Landschaft entlang der Landstraße liegt starr und kalt und verlassen wie ein totes Traumbild. Wenn Randolf in ein Dorf kommt, haben sich die Menschen in ihren Häusern eingeschlossen wie Wölfe in ihrer Höhle.

«Arbeit suchst du? Scher dich zum Teufel!»

Immer wieder begegnet Randolf anderen Menschen, die wie er selber durch die Lande streifen, weil sie wie er alles verloren haben und genau so hungrig sind.

Mal schläft Randolf in einer ausgebrannten Ruine, mal in einem leeren Schweinestall oder im Heu einer kaputten Scheune. Jeden Tag wird er von wütenden Menschen verscheucht, seit einer Woche hat er nichts Warmes gegessen. In einem verlassenen Haus fand er einen harten Rest Brot, dann tagelang nichts als einen halb verschimmelten Kohlrabi. Ein kleiner Beutel mit gefrorenen Kartoffeln, den wohl jemand verloren hat, erscheint ihm wie ein Festessen. Schon lauert er, ob er einen Hund oder eine Katze erwischen kann. Das Messer hält er immer griffbereit.

Er kommt in eine Stadt. In einer Seitenstraße hört er Lärm aus einer offenen Tür. Da ist ein Wirtshaus. Vor dem Feuer im Kamin steht eine Gruppe von Soldaten. Männer mit fiebrigen Augen und mit stoppeligen Bärten, ihre Uniformen sind kaum mehr als Lumpen. Sie trinken und grölen und rauchen Tabakspfeifen. Und es riecht nach Essen. An einem Tisch löffelt ein einarmiger Mann eine Suppe. Am Nebentisch sitzt ein dicker, gut gekleideter Herr vor einem dampfenden Teller, er greift nach einer Hühnerkeule und beißt genießerisch in das Fleisch.

Halb rasend vor Hunger, würde ihm Randolf am liebsten den Teller entreißen. Er zwingt sich zur Ruhe und betritt mit wackeligen Schritten das Wirtshaus. Er hat keinen Plan. Er weiß und fühlt und denkt nichts anderes mehr, als dass er Hunger hat.

Eine Wolke von stickiger, verbrauchter Luft schlägt ihm entgegen, Tabaksqualm, Branntweindunst, gemischt mit scharfem Schweißgeruch – aber auch ein köstlicher Essensduft aus der Küche.

«Wer bezahlen kann, ist willkommen!», ruft ihm der Wirt hinter der Theke entgegen. Im flackernden Kerzenlicht glitzern seine Augen. Er mustert Randolf mit einem abschätzenden Blick. «Wenn du kein Geld hast, hau lieber gleich ab – bevor ich wütend werde!» Er wischt ein langes Messer an seiner Lederschürze ab. Prüfend fährt sein Daumen über die Klinge.

«Was kostet ein Teller Suppe?», fragt Randolf.

«80 Kreuzer.»

«Und eine Wurst?»

«Zeig erst mal dein Geld!»

Randolf lässt seinen Blick durch die Schankstube schweifen. An den Wänden und auf den Tischen brennen Öllampen. Da die Tür zum Lüften offen steht, flackern die Lichter. Aber er hat genug gesehen. Ihm ist ein Gedanke gekommen. Das Herz klopft ihm bis zum Hals. Er wendet sich an den dicken Gast, der das Hühnerbein inzwischen fast vollständig abgenagt hat: «Euer Mantel hat einen Riss», stammelt Randolf, elend vor Hunger, «ich könnte ihn nähen.»

Der Dicke legt den Knochen auf den Teller. Er kaut langsam, trinkt einen Schluck Bier und wirft einen hochmütigen Blick auf Randolf.

Der sagt stockend: «Ich bin ein geschickter Schneider. In ein paar Minuten wird niemand mehr sehen können, wo der Riss gewesen ist. Ich habe gutes, festes Garn.» Er holt die Garnrolle aus der Tasche und zeigt sie zusammen mit der Nähnadel. «Es würde Euch nur einen Gulden kosten – dann sieht der Mantel wieder aus wie neu.»

Der Dicke schaut auf die Nadel und das Garn, seine Hand fährt über den Riss in seinem Mantel. «Garn ist schon lange knapp hier in der Stadt. Wo hast du das gestohlen?»

«Ich komme aus der Lüneburger Heide. Mein Nachbar ist Weber. Noch letzten Monat hatten wir bei uns keinen Krieg.»

«Hm. Na gut. Zeig, was du kannst.» Der Dicke zieht seinen Mantel aus, legt ihn vor sich auf den Tisch und rückt näher ans Kaminfeuer. «Aber setz dich hier neben mich! Schön weit weg von der Tür!»

«Keine Bange – den Mantel stehle ich nicht.» Randolf setzt sich auf die Bank und macht sich an die Arbeit. Er näht sehr sorgfältig, mit feinen, engen Stichen. Der Dicke widmet sich wieder dem Essen. Er schmatzt und er schlürft. Sein Blick bleibt auf Randolf geheftet.

Wie das duftet! Er hat ganz vergessen, wie so ein gebratenes Hühnchen riecht ... Mit sehnsüchtigen Blicken schielt Randolf auf den Teller. Ihm ist schwindelig vor Hunger. Er zwingt sich, weiter zu nähen.

Der Einarmige am Nebentisch hat seine Suppe ausgelöffelt. Er winkt den Wirt heran und drückt ihm eine Münze in die Hand. Sein Geldbeutel klimpert.

Für einen Moment verschwimmt alles vor Randolfs Augen. Gleich wird er auch Geld haben! Dieser Bratenduft! Der Riss scheint gar kein Ende zu nehmen. Er ist wirklich sehr lang. Randolf verbraucht eine Menge von seinem kostbaren Garn. Der Einarmige hat sich zurückgelehnt und beobachtet ihn bei der Arbeit.

Endlich geschafft. «So, fertig. Ihr seht, ich habe nicht zu viel versprochen. Wenn ich Euch jetzt um den Gulden bitten dürfte ...»

«Bitten kannst du so viel, wie du willst, Wolfsbengel!»

Der Dicke hat den Mantel wieder angezogen. «Und jetzt stör mich nicht weiter beim Essen.»

«Wie … aber Ihr habt doch …»

«Gar nichts hab ich. Du hast mich beschwatzt, und ich fühlte mich bedroht. Damit du endlich Ruhe gibst, hab ich gesagt: Na, dann zeig mal, was du kannst!» Er wendet sich an den Wirt: «Mehr hab ich doch nicht gesagt, oder? Hab ich etwa von Geld gesprochen?»

Der Wirt nickt ihm zu. «Genau so ist es gewesen! Ich hab's gehört.» Er greift wie zufällig nach dem langen Messer, während er hinter der Theke hervorkommt und einen Schritt auf Randolf zugeht. Seine Stimme wird scharf und drohend: «Ich hoffe, du wirst meinen Gast nicht weiter belästigen. So was mag ich überhaupt nicht. Außerdem hast du zugegeben, dass du kein Geld hast. Also raus hier, aber ein bisschen plötzlich!»

Es würgt in Randolfs Hals, Tränen der Wut steigen ihm hoch. Soll er sich das gefallen lassen? Ja, er muss wohl. Das Messer des Wirtes blinkt im flackernden Licht. Auch die Soldaten haben Waffen griffbereit. Er bezwingt sich. Knirscht mit den Zähnen. Langsam steckt er Garn und Nadel ein und steht auf. Seine Knie zittern. Mit mühsamen Schritten taumelt er zur Tür. Noch nie hat er sich so schwach und gedemütigt gefühlt.

Die anderen Gäste schauen zu ihm hinüber und lachen.

Nur einer nicht. «Lauf nicht gleich weg! Ich könnte wohl einen Schneider brauchen.»

Überrascht dreht Randolf sich um. Es ist der Einarmige, der spricht. «Setz dich!» Er zeigt auf den freien Platz an seinem Tisch. «Wirt! Noch einen Teller Suppe! Aber mit viel Fleisch drin!»

Randolf kann sein Glück nicht fassen. Im nächsten Augenblick steht tatsächlich ein großer, dampfender Suppenteller vor ihm. Gemüse, Kartoffeln, Wurstscheiben, Fleischstücke ... Ob das wieder eine Falle ist? Randolf zögert, nach dem Löffel zu greifen.

Der Einarmige lacht. «Keine Bange, ist schon bezahlt!» Er wirft dem gierigen Wirt ein Geldstück hin, das dieser geschickt auffängt.

Der Dicke am Nebentisch beobachtet sie mit misstrauischen Blicken.

Randolf hat keine Kraft mehr zum Denken, keine Kraft mehr, um Fragen zu stellen. Auf der ganzen Welt ist nichts mehr wichtig außer dieser Suppe, die nun vor ihm steht und die er allein essen darf.

Er löffelt, er kaut, er isst. Schließt für einen Moment die Augen, lehnt sich beim Kauen zurück. Dieses Essen soll niemals aufhören, niemals, so köstlich hat noch nichts in seinem Leben geschmeckt. Er seufzt tief und spürt, wie eine innere Wärme ihn durchströmt.

«Na, satt geworden?» Der Einarmige schiebt den leeren Teller beiseite.

Randolf stöhnt und hält sich den Bauch. «Ja, mehr passt beim besten Willen nicht rein. Mein Magen ist so reichliches Essen nicht mehr gewöhnt.»

«Du kommst aus der Lüneburger Heide, sagst du?» Der Einarmige schaut ihm in die Augen. Sein Blick ist stechend und kalt. An der Wange hat er eine große, schlecht verheilte Narbe.

Randolf nickt. «Habt Ihr Arbeit für mich?»

Der Einarmige fasst unter dem Tisch nach dem Pelz an Randolfs Hose. «Auch ich jage einen Wolf und will ihn zur Strecke bringen. Dabei brauche ich Hilfe. Ein Schneider mit solch einer Hose und so einem scharfen Messer ist genau, was ich suche. Aber zum Geschäft kommen wir später.» Er lehnt sich wieder zurück. «Trinkst du lieber Bier oder Wein?»

«Am liebsten ein Glas Milch.»

Der Einarmige lacht. «Auf ein Geschäft kann man nicht mit Milch anstoßen. Zwei Bier!», ruft er zum Wirt.

Das Bier schmeckt bitter. Randolf lässt sich nichts anmerken. Nach dem Trinken hebt er das Glas in Richtung seines Gegenübers. «Ich heiße Randolf Undeloh. Darf ich auch Euren Namen erfahren?»

Ein kurzes Zögern. «Nenn mich Wallenstein. Leider kann ich dir nicht die rechte Hand drücken.» Der Einarmige zuckt mit der Schulter und lässt den leeren Ärmel schaukeln, der schlaff hin und her baumelt. Sein Mund verzieht sich zu einem Grinsen. Die Augen lachen nicht.

Der Dicke mit dem genähten Mantel hat inzwischen als Nachtisch einen Pudding gegessen. Jetzt trinkt er Schnaps. Vor ihm stehen ein kleines Glas und eine bauchige Flasche.

Der Einarmige, der sich Wallenstein nennt, hat sein Bierglas in einem Zug leer getrunken und stellt es hart auf den Tisch. «Du lernst also jetzt erst den Krieg kennen, wie?»

Randolf nickt. «Bei uns im Dorf haben wir immer nur davon gehört, dass es Kämpfe gibt. Irgendwo draußen im Land.»

«Dann pass mal auf, dass du nicht gepresst wirst!»

«Gepresst? Was meint Ihr damit?»

«Das haben unsere Soldaten von den Engländern gelernt. Wenn die Engländer nicht genug Seeleute für ihre Schiffe haben, dann machen sich ein paar starke Männer auf den Weg in die Stadt. Nachts durchsuchen sie die Gassen. Auch in Wirtshäuser kommen sie. Wer diesen Männern in die Hände kommt und tauglich ist, den fragen sie nicht lange: ‹Landsmann, wer bist du?› oder: ‹Landsmann, wo wohnst du?›, sondern machen kurzen Prozess, schleppen ihn – gern oder ungern – fort auf die Schiffe zum Arbeiten. Solche nächtlichen Menschenjagden nennt man ‹Pressen›, und unsere Soldaten haben sich das abgeguckt. Wenn neues Schlachtvieh gebraucht wird für einen Kampf, werden solche Leute wie du zum Kriegsdienst gepresst. Und dann kannst du froh sein, wenn du hinterher überhaupt noch einen Arm hast und noch allein deine Suppe löffeln kannst.» Er streicht sich über die hässliche Narbe im Gesicht. «Mein Knie haben sie mir auch zertrümmert. Seitdem hab ich ein steifes Bein.»

«Wer kämpft denn eigentlich gegen wen?», bricht es aus Randolf hervor. «Und warum ist überhaupt schon so lange Krieg?»

Der Einarmige lacht kurz auf. «Gekämpft wird für das Christentum. So behauptet man es jedenfalls. Beide Kriegsparteien sind sich einig, dass sie für Gott kämpfen. Für das Gute und für die richtige Art, ihn anzubeten.»

«Katholiken und Lutheraner?»

Der Einarmige nickt. «Die Protestanten meinen, dass die Katholiken falsch beten, und die Katholiken finden, dass die Protestanten falsch beten. Darum kämpfen sie gegeneinander. – He, Wirt! Noch ein Bier! – Die einen wollen nicht, dass ihre Gegend katholisch bleibt, und die anderen wollen nicht, dass ihre Gegend protestantisch wird. Sie töten sich gegenseitig, um dem Gott ihre Liebe zu zeigen, der gesagt hat: Du sollst nicht töten.»

Randolf schaut ihn zweifelnd an. «Meint Ihr das ernst? Das klingt doch völlig verrückt!»

«Ist aber wahr! Wirst schon sehen!»* Auch das neue Bier stürzt er mit wenigen Schlucken herunter. Aus dem Augenwinkel beobachtet er den dicken Herrn am Nebentisch, der aufgestanden ist, seinen Mantel zuknöpft und nach seinem Hut am Kleiderhaken greift.

Der Wirt macht eine Verbeugung und bedankt sich für

* Später wird Randolf erfahren, dass der Einarmige nicht gelogen hat, als er über Katholiken und Protestanten sprach.
Es ist noch nicht lange her, da glaubten die Menschen in Deutschland noch an Hexen, an Dämonen und an den Teufel. Die Kirche hatte eine ungeheure Macht. Wenn ein Kirchenmann sagte: «Diese Frau ist eine Hexe!» oder: «Dieser Mann ist mit dem Teufel im Bund», dann wurden die Angeklagten gehängt oder verbrannt. Die Bürger fanden das gerecht. Die Kirche redete ihnen ein: «Ihr wer-

das Geldstück, das der Dicke ihm beim Hinausgehen lässig zugeworfen hat.

Der Einarmige stützt sich ächzend am Tisch hoch und steht auf. «Trink dein Bier aus oder lass es stehen. Es gibt Arbeit für dich.»

Randolf folgt ihm zum Ausgang. Der Einarmige humpelt nach draußen.

Die schneebedeckte, matschige Straße liegt nahezu dunkel vor ihnen. Nur ab und zu brennt vor einem Haus eine einsame Laterne. Der halbe Mond fügt nur ein schwaches Licht dazu.

«Wohin gehen wir?», fragt Randolf.

Der Einarmige drückt ihn in einen dunklen Hauseingang und flüstert: «Wir wollen nicht unbedingt von jedem gesehen werden. Der Dicke da vorne, dein spezieller Freund, der geht jetzt zu seinem Haus in der Webergasse. Wir können ihn jederzeit mühelos einholen.»

«Ihr glaubt, ich will mich an ihm rächen?»

«Etwa nicht?» Die Augen des Einarmigen funkeln in der Dunkelheit.

Randolf zuckt mit den Schultern. «Er hätte es wohl

det ins Paradies kommen, und eure Sünden werden euch vergeben, wenn ihr uns viel Geld bezahlt.» Auch das glaubten die Leute, und sie bezahlten.

Da schlug ein Mönch mit der Faust auf den Tisch. «Wollt ihr euch für dumm verkaufen lassen?» Er fand, dass die Kirche ihre Macht missbrauchte. Der Mönch hieß Martin Luther. Seine Anhänger forderten, die Kirche zu verändern und zu erneuern. Sie nannten sich Protestanten. Anhänger der alten Kirche fürchteten um ihre verdient, dass ich ihm den Mantel wieder aufschlitze. Schade um mein schönes Garn.»

«Tu's einfach!», flüstert die heisere Stimme. «Stich das Messer tief rein und halte ihm den Mund zu, damit er nicht schreit. Dann ist deine Suppe bezahlt, und obendrauf geb ich dir noch eine Dublone.»

Vor Randolf blinkt eine große Goldmünze auf, die der Einarmige aus der Tasche gezogen hat.

«Ihr – Ihr wollt doch nicht etwa ... Ich soll ihn *töten*?»

«Pssst, nicht so laut. Er ist der Wolf, den ich jage. Wenn ich zwei Hände hätte, würde ich ihn allein erledigen.» Der Einarmige hat die Münze wieder eingesteckt und packt Randolf am Arm. «Weißt du, was du dir für eine Dublone alles kaufen kannst? Pures Gold!»

«Ich bin doch kein Mörder!»

Der Einarmige spuckt in den schmutzigen Schnee. «Bei diesem Mistkerl wäre es kein Mord, sondern eine gute Tat. Er hat den Tod verdient. Du weißt noch nicht, was Krieg heißt!»

Randolf reißt sich los. «Sucht Euch dafür einen anderen!»

«Dann bezahl mir gefälligst die Suppe! Aber sofort!»

Randolf läuft los, er rennt, so schnell er kann. Beinahe

Macht. Es gab ein Gerangel, welche Gebiete katholisch bleiben und welche protestantisch werden sollten. Daraus entwickelte sich schließlich ein Krieg, in den auch andere Länder eingriffen. Und es gab tatsächlich einen Mann namens Wallenstein: Er war ein Reitergeneral, der für die Katholiken gekämpft hatte.

wäre er im Schnee ausgerutscht, gerade noch rechtzeitig kann er sich an einer Hauswand abstützen und läuft weiter.

Wohin?

Wahllos biegt er in eine Seitengasse ein. Weg von hier! Raus aus dieser Stadt, wo die Menschen offenbar alle verrückt geworden sind.

3. Kapitel

# Der Lebensretter

Der Winter dauert lange in diesem Jahr. Noch im März sind die Flüsse gefroren. Noch immer wächst nichts Essbares an den Bäumen.

Für einen Betteljungen hat nur selten eine Marktfrau in der Stadt einen verschrumpelten Apfel übrig oder eine Bauersfrau in den Dörfern eine Scheibe Brot oder ein Stück Speck. Die Leute haben selbst kaum genug zum Überleben. Soldaten haben die Keller geplündert, die Haustiere abgeschlachtet und die Bäckereien verwüstet.

Randolf meidet die Städte und die Dörfer. Dort gibt es kaum noch sichere Schlafplätze. In jedem Unterschlupf hausen verwahrloste, halbnackte Bettler, die nicht zögern, für ein Stück Brot einen Menschen umzubringen. Schon zweimal wurde Randolf im Schlaf überfallen, gerade noch rechtzeitig wachte er auf und konnte sich retten – man wollte seine Pelzjacke stehlen.

Auch aus anderen Gründen hält er sich fern von Menschen. Noch immer muss er oft an seine Familie denken. Seine Tränen soll niemand sehen. Er braucht noch Zeit zum Traurigsein.

Er streift durch die Wälder und ist beinahe selbst zu einem wilden Tier geworden. Seine Haare sind ihm bis auf die Schultern gewachsen. Er hat inzwischen Übung darin, einem Reh aufzulauern oder einem Hasen oder einem Dachs. Auch Ratten hat er schon gegessen.

Im Wald findet sich immer genug Holz für ein Feuer, und nach einer warmen Fleischmahlzeit ist auch das Schlafen im Wald kein Problem. Eingegraben unter Haufen von Blättern, Tannennadeln oder Moos, wird man nach einer Weile richtig warm.

Im Wald gibt es auch gefährliche Tiere. Wildschweine, Füchse, Wölfe und Bären.

Davor hat Randolf keine Angst mehr. In der ersten Nacht hat er den Trick entdeckt, wie er sich schützen kann.

Er ist schon eingeschlummert, da hört er ganz in der Nähe ein Knacken. Keine Zeit, um Angst zu haben, sofort ist es, als ob eine innere Stimme ihn warnt: Nicht hochschrecken! Ganz ruhig liegen bleiben!

Randolf zwingt sich, keine Bewegung zu machen. Vorsichtig öffnet er die Augen. Schielt in die Richtung, aus der das Knacken gekommen ist. Absolute Finsternis.

Da! Noch ein Knacken.

In der Dunkelheit ist nicht zu erkennen, ob das ein großes oder ein kleines Tier ist.

«Hallo, knackendes Tier.» Er sagt es nicht, er denkt es nur, aber er denkt es sehr stark. Er versucht, sich in das Tier hineinzufühlen. Wie wäre es, wenn er als Tier durch seine Heimat streifte und plötzlich nachts in einem Blätterhaufen einen schlafenden Menschen fände?

«Ich tu dir nichts. Keine Angst, knackendes Tier. Ich weiß, du bist hier zu Hause, und dies ist dein Revier. Aber ich nehme dir nichts weg. Ich möchte mich einfach ausruhen, verstehst du, knackendes Tier?»

Kein Laut. Als ob das Tier Randolfs Gedanken zuhört.

«Ich bin dein Gast. Nur für heute Nacht. Ich mache nichts kaputt, und dafür bitte ich dich, dass du mich in Ruhe lässt.»

Schweigen.

Dann, nach einer langen Weile, ein erneutes Knacken. Dann ein Rascheln, schon weiter weg. Schritte, die sich entfernen.

Randolf kann es kaum fassen. Das Tier hat verstanden! Oder bildet er sich das nur ein? Er ist so müde, dass er nicht weiter darüber nachdenkt. Schläft ein und wird die ganze Nacht nicht wieder gestört.

Seitdem hat er es in jeder Nacht wieder ganz genau so gemacht.

Als ob die Tiere tatsächlich spüren, dass Randolf nichts Böses von ihnen will. Sie lassen ihn in Ruhe. Jede Nacht.

Dennoch ist sein Schlaf selten erholsam. Er schläft mit dem Messer in der Hand und bleibt immer auf der Hut, ob Gefahr droht. Nur selten schlummert er so fest und tief, dass er träumt.

Eines Nachts, in einem Gebüsch versteckt, schreckt

Randolf plötzlich schreiend aus dem Schlaf. Ein Insekt hat ihn gestochen, ein dickes, unbekanntes Insekt. Nein, wird ihm klar, das war im Traum. Heftig und erschreckend steht ihm der Traumfetzen noch deutlich vor Augen, der ihn geweckt hatte. *Etwas unbeschreiblich Böses flattert von hinten an ihn heran, ein böses Schnabeltier, blitzschnell hat es ihn schon gestochen, hinten auf der linken Seite seines Nackens, tief in die Haut.*

Randolf tastet an der linken Seite des Nackens. Nichts zu fühlen, da ist kein Stich. Nur ein Traum, sagt er sich. Nur ein Traum.

In einer anderen Nacht sieht er das silbrig schimmernde Licht wieder, von dem er geträumt hatte, als sein Vater starb.

Diesmal schwebt in dem Licht ein glänzendes Gebilde, es gleitet über das Meer. Er kann nicht erkennen, ob es riesengroße Flügel sind, von einem gewaltigen Vogel, oder vielleicht ein Segel. Ein silbernes Segel.

Plötzlich ist da ein Tor, ein dunkles Tor. Gehört das zu den Flügeln? Oder ist es unter dem Segel?

Randolf geht durch das Tor.

Und plötzlich sitzt er auf den Flügeln, er reitet im Wind, das silberne Segel schiebt ihn über das Meer. Ein herrliches Gefühl, über ihm scheint die Sonne, alles ringsum ist warm und blau.

Da ist keine Angst mehr, keine Traurigkeit, kein Gefühl mehr des Verlassenseins. Nur noch Freude, unglaubliche, tiefe Freude, die alles durchdringt. Lebenskraft, ohne jede Furcht.

Am nächsten Morgen hat Randolf den Traum vergessen. Er ist ein Jäger, er streunt durch den Wald, er brät sich seine Beute, und er spricht nachts mit den Tieren. Und bald wird es Frühling werden. In den letzten Tagen war es schon nicht mehr ganz so kalt. Manchmal hat sogar schon wieder die Sonne geschienen.

Plötzlich ist der Wald zu Ende. Vor ihm liegt eine weite Winterlandschaft. Nur noch einzelne Bäume, ein zugefrorener Fluss, schneebedeckte Wiesen und Felder. Über allem ein feiner Nebel, der von dem schmelzenden Schnee aufsteigt. Ja, es wird bald Frühling werden.

Und nun?

Irgendwann kommt bestimmt wieder ein Dorf.

Oder ein neuer Wald. Oder eine Stadt.

Weitergehen? Oder zurück in den Wald?

In all den Wochen hat Randolf nicht darüber nachgedacht, wohin er eigentlich will. Überleben! Allein sein! Traurig sein dürfen!

Das hat er nun zur Genüge gehabt. Aufs Geratewohl stapft er durch den pappigen Schnee.

Er geht an dem gefrorenen Fluss entlang. Der Schnee auf der Eisdecke ist schon beinahe geschmolzen. Ringsum ist alles still. Weit und breit sind keine Menschen zu sehen und keine Tiere.

Plötzlich ein Krachen, ganz in der Nähe. Ein Knacken. Ein sirrender, klirrender Ton, der durch die Luft schwingt –

Die Eisdecke hat einen Sprung.

Dort auf dem Fluss geht im Nebel eine langsame Arbeit vor sich. Der Winter kämpft ums Überleben, aber er hat kaum noch genug Kraft.

Randolf stapft am Ufer entlang durch den matschigen Schnee.

Als er an zwei Spaziergängern vorbeikommt, sprengt plötzlich von hinten ein Reiter heran. Randolf muss sich an den Wegrand drücken, die beiden Spaziergänger weichen gefährlich nah an die Uferkante aus.

Noch vor einigen Wochen hätte Randolf einen Schreck bekommen. Gibt der Reiter Nachricht über ihn weiter?, hätte er gedacht. Verfolgt man ihn noch? Wo ist das Hauptquartier? Von wo wird er beobachtet?

Er muss schmunzeln. Was für ein Angsthase er doch war!

Seine Reise, unter Zwang begonnen, ist inzwischen keine Flucht mehr. Anfangs war es nur die Angst, die ihn vorwärts trieb. Die Angst hatte befohlen, und Randolfs Füße hatten gehorcht.

Nun ist es Randolf selbst, der seinen Weg bestimmt. Unterwegs sein, das ist sein neues Leben. Er hat es sich nicht ausgesucht, kann es aber auch nicht ändern. Er entscheidet, wohin er geht. Zuweilen ist er sogar neugierig: Wie wird es weitergehen? Was wird er alles erleben?

Randolf bleibt stehen.

Von weitem hört er ein Pferdefuhrwerk. Eine Kutsche. Jetzt kann er sie sehen. Auf dem verschneiten Feld trappeln zwei Pferde, so klein wie Mäuse, sie ziehen eine winzig kleine Kutsche, eine Spielzeugkutsche, nein, schon ist sie größer geworden, die Pferde sind so groß wie Ratten, jetzt wie Hunde.

Die Kutsche rollt auf den Fluss zu.

Nun ist sie nicht mehr weit von Randolf entfernt. Es ist eine echte Kutsche mit richtigen Pferden, die so groß sind wie Pferde.

Der Kutscher lenkt die Pferde aufs Eis. Er will den gefrorenen Fluss überqueren. Eine Brücke gibt es weit und breit nicht.

Ein Pferd scheut. Ist es ausgerutscht? Ruckartig kommt die Kutsche zum Stehen.

Es knackt, es klirrt, die Kutsche kippt zur Seite, zwei Räder versinken in einem Riss. Ein Pferd ist schon eingebrochen, es wiehert im Eiswasser.

Ein Krachen: Die Kutsche durchschlägt die Eisdecke, der Kutscher wird von ihr unter Wasser gerissen, und da ist ein Schrei, ein gellender Schrei von einem Mädchen.

Randolf dröhnt es in den Ohren.

Er rennt am Ufer entlang zur Kutsche, rennt, so schnell er kann, er reißt sich die Jacke vom Leib, er springt mit einem Satz ins eiskalte Wasser.

Er taucht.

Schon kann er die Kutsche ertasten, mit einem Ruck reißt er die verschlossene Tür auf. Da ist ein Körper, eine Gestalt, er packt mit beiden Händen zu, stemmt sich mit aller Kraft von der Kutsche ab nach oben zur Wasseroberfläche –

Das Lebewesen in seinen Händen taucht prustend auf, schlägt um sich, gurgelt und röchelt und schreit, die

Augen weit aufgerissen vor Schrecken und Todesangst. Ein Mädchen. In Randolfs Alter. Dunkelbraune Haare, Pelzmantel, eine glänzende Kette mit einem Edelstein um den Hals.

Randolf zieht das tropfnasse Mädchen durch die schwimmenden Eisschollen ans Ufer. Sie krallt sich ins Gras an der Böschung, ihr Atem geht stoßweise, sie schluchzt leise.

Die Pferde strampeln und wiehern, nur mühsam halten sie die Köpfe über Wasser.

Randolf taucht nach dem Kutscher.

Er kann ihn unter der Kutsche befreien – puh, ist das kalt! Aber noch kälter fühlt sich die Luft an, als er an Land geklettert ist und den Ohnmächtigen neben das Mädchen gezogen hat. Randolf schnattert vor Kälte. Er schüttelt den Kutscher, ohrfeigt ihn: «Aufwachen! Aufwachen!»

Der Kutscher röchelt, er spuckt Wasser. Aber er lebt. Seine Schläfe blutet. Langsam und stöhnend richtet er sich zum Sitzen auf.

Nun die Pferde!

Noch einmal springt Randolf in das eisige Wasser, er löst die Pferde von den Riemen, mit denen sie an der Kutsche festgebunden sind. Beide Tiere können das rettende Ufer erreichen und sich aus eigener Kraft die Böschung hocharbeiten. Mit letzter Kraft zieht Randolf sich zum dritten Mal an Land.

Der Kutscher klappert mit den Zähnen. Er schüttelt sich, dass die Tropfen fliegen.

Das Mädchen niest.

Randolf schüttet das Wasser aus den Stiefeln und zieht sie wieder an. Dann schlägt er sich die Arme um den Leib. Hüpft von einem Bein aufs andere. «Bewegen!», ruft er dem Mädchen zu, das immer noch schluchzend auf dem Boden liegt. «Schnell, wir müssen uns bewegen! Sonst holen wir uns den Tod!»

Er hebt seine Pelzjacke auf. «Hier, die ist noch trocken. Ich bin wahrscheinlich mehr Kälte gewöhnt als Ihr. Wickelt Euch damit ein. Aber zieht Euch vorher die nassen Kleider aus.»

«Was bildest du dir ein?» Das Mädchen ist aufgesprungen. Es zittert vor Kälte. «Wie redest du mit mir? Erwartest du, dass ich mich nackt vor dir ausziehe?»

«Wenn Ihr die Jacke nicht wollt, nehme ich sie selbst!» Randolf zieht sein nasses, schmutzstarrendes Nachthemd aus der Wolfsfellhose und reißt es sich vom Körper. Er schlüpft in den warmen Pelz.

Der Kutscher legt ihm die Hand auf die Schulter. «Wir müssen uns bei dir bedanken. Du hast uns das Leben gerettet.»

Die Pferde wiehern, sie schütteln sich die Wassertropfen ab.

«Kannst du ohne Sattel und Zaumzeug reiten?», fragt der Kutscher. Er wischt sich Blut von der Schläfe.

«Nicht über den Fluss. Das Eis ist zu brüchig.»

«Nein, nein, das hat sich erledigt. Wir kehren um.»

«Dann wünsche ich gute Reise.» Randolf wendet sich zum Gehen. Der Kutscher hält ihn zurück.

«Aber das gnädige Fräulein ... in ihrem Zustand ... ich wäre dir sehr dankbar, wenn du ... sofern es deine Zeit erlaubt ...»

Randolf muss lachen. »Sehe ich aus, als hätte ich eine Verabredung?» Er wendet sich an das Mädchen, das sich zitternd und klappernd abmüht, aus ihren Haaren und ihrer Kleidung das Wasser herauszuwringen. «Ich heiße Randolf Undeloh.»

«Lilli, von Behringen!», stößt das Mädchen hervor.

«Muss noch etwas Wichtiges aus der Kutsche geholt werden?»

Bibbernd schüttet Lilli den Kopf. «Bloß schnell nach Hause! Mir ist so kalt ...»

«Und Euch wird noch kälter werden, wenn Ihr in den nassen Sachen durch den Wind reitet. Ich bin abgehärtet, aber Ihr ... das kann man ja nicht mit ansehen!» Randolf staunt über sich selbst. Wie sicher und heldenhaft er sich benimmt! Er legt seine Pelzjacke um die Schultern des tropfnassen, zitternden Mädchens. «Schön drin einwickeln!» Er packt ein Pferd an der Mähne, schwingt sich rittlings nach oben. Dann beugt er sich zu Lilli und zieht sie zu sich hinauf aufs Pferd.

Der Kutscher ist schon losgeritten. Verkrampft vornübergebeugt, krallen sich beide Hände an den Pferdehals.

Der kalte Wind beißt in Randolfs nackte Haut. Zum Glück ist der Weg nicht so weit, wie er befürchtet hatte. Hinter einem Wald taucht plötzlich eine Stadt auf.

Eine Kleinstadt in der Nähe von Dresden. Der Fluss,

der hier fließt, heißt Elbe. Ohne zu wissen, wohin er eigentlich will, ist Randolf auf seiner Flucht immer weiter nach Osten gekommen.

Noch vor der Stadt, an einer prächtigen Villa, bringt der Kutscher sein Pferd zum Stehen und springt ab. Läuft durch den Garten zur Haustür und ruft: «Schnell, schnell! Wir brauchen Hilfe! Das gnädige Fräulein holt sich den Tod!»

Aufgeschreckte Dienstboten laufen herbei. Hastig bringen sie Lilli ins Haus.

Ein groß gewachsener, gut gekleideter Herr mit Hut und Perücke und Spazierstock kommt eilig aus dem Garten heran. Er geht auf den Kutscher los: «Was ist passiert? Was hast du mit meiner Tochter gemacht?»

Der Kutscher überlässt die Pferde zwei Helfern. Er klappert mit den Zähnen, so durchgefroren ist er. «Wir s-sind mit der Kutsche auf dem Fluss eingebrochen, und – der junge Mann, er hat uns gerettet.»

Prüfend schaut der große Herr auf Randolf. Die unordentlichen Haare, der nackte, blau gefrorene Oberkörper und die nasse Wolfsfellhose machen auf ihn keinen guten Eindruck. Missbilligend verzieht er eine Augenbraue. «Was hattest du am Fluss zu suchen? Du warst sofort in der Nähe? Ganz zufällig?»

Randolf knicken die Knie ein. Das prächtige Haus, der Reichtum – er hat noch nie mit einem so vornehmen Herrn zu tun gehabt. Ob er ihn für einen Schurken hält? Denkt er etwa, Randolf hätte die Eisdecke absichtlich angesägt und sich auf die Lauer gelegt?

«Ohne ihn wäre das gnädige Fräulein ertrunken», sagt der Kutscher, als er ins Haus eilt, «und ich auch.»

Der große Herr hüstelt. «Na denn – schönen Dank!» Er zieht einen Gulden aus dem Geldbeutel und drückt ihn Randolf in die Hand.

Ein Goldstück! Nicht zu fassen! So eine wertvolle Münze hat Randolf noch nie gesehen. Davon kann er sich wochenlang gutes Essen kaufen … Seine Finger umklammern den Gulden.

Der Vater macht eine Handbewegung, als ob er einen Hund davonscheuchen will. «Lass dich auf deinem Weg nicht aufhalten!»

Randolf stottert: «Meine Jacke … Euer Fräulein Tochter wird sie nicht mehr brauchen … Kann ich sie wiederhaben?»

Ein Nieselregen hat eingesetzt. Lillis Vater geht auf die Haustür zu.

Randolf folgt ihm, mit verzweifeltem Mut. «Die Jacke ist das Einzige, was ich besitze, ich brauche sie wirklich … Darf ich im Haus warten, bis ich sie wiederhabe? Mir ist sehr kalt …»

Unwillig schaut der Vater zum Himmel und auf Randolf. Schließlich bedeutet er ihm, sich im Haus unterzustellen.

Eine riesige Eingangshalle mit hohen Marmorsäulen. Rechts und links viele Türen, zwei geschwungene Treppen führen ins obere Stockwerk.

Lillis Vater bleibt im Flur neben einer aufgestellten Ritterrüstung stehen. Er ruft einen Diener: «In den Gemächern meiner Tochter muss sich eine fremde Jacke befinden. Dieser junge Mann soll sie so schnell wie möglich zurückbekommen.»

«Eine Pelzjacke!», ruft Randolf dem Diener hinterher, der sich schon eilfertig auf den Weg gemacht hat.

Schweigend steht der große Herr neben ihm. Die Halle ist mit Wandgemälden geschmückt, an der Decke hängt ein großer Leuchter aus Kristall. Hinter einer Glastür ist offenbar ein Büro. Ein Kaufmannskontor. Mehrere Angestellte arbeiten an Stehpulten.

«Ihr seid Kaufmann, Herr von Behringen?», vermutet Randolf.

Lillis Vater nickt.

Bei dem Gedanken, dass die Zimmer hinter diesen Türen geheizt sind, klappert Randolf mit den Zähnen. Sich aufwärmen! Nur eine kurze Weile am Ofen oder am Feuer sitzen … Noch immer hält er den Gulden mit den Fingern umkrampft. Seine Hose hat keine Taschen.

«Eure Stadt wurde vom Krieg verschont?», bringt er mühsam hervor.

Herr von Behringen räuspert sich. Er hofft, dass der Diener endlich die Jacke bringt, damit er diesen ungepflegten Burschen loswird.

Randolf sprudelt plötzlich drauflos: «In unserem Dorf wurde ein rechtschaffener Schneidermeister in seinem Haus überfallen. Man tötete ihn und seine Frau und die Tochter.» Staunend hört er sich selber zu, wie flüssig er redet. «Stellt Euch vor, die Soldaten machten das womöglich mit einem Kaufmann. Nur der Sohn überlebt. Als

Einziger. Er flüchtet in die Welt und wird von allen Leuten überall verscheucht. Landstreicher, sagen sie zu ihm.»

«Ich habe keinen Sohn, nur meine Tochter.»

Randolf blickt ihm in die Augen. «Und sie lebt. Was hätte mein Vater darum gegeben, seine Tochter lebend zurückzubekommen! Ich bin sicher, er hätte ihrem Retter mindestens einen Platz am Ofenfeuer angeboten, damit er sich aufwärmen könnte.»

Lillis Vater hüstelt verlegen. «Nun ja, hm, du bist ja ganz nass ... und wir stehen hier im kalten Flur ... Komm doch herein!» Er drückt die Klinke einer Tür, führt Randolf ins Zimmer und ruft einen Diener, der sich um den Gast kümmern soll.

Ein großer, dicker Teppich, an den Wänden hohe Bücherregale, um einen Tisch ein Sofa und zwei Ledersessel und an der Wand gegenüber ein flackerndes Kaminfeuer.

Der Diener schiebt einen Sessel dicht an den Kamin.

Herr von Behringen ist verschwunden.

Randolf zieht die nassen Stiefel aus, setzt sich mit ausgestreckten Händen und Füßen an das Feuer. «Hast du auch eine Wolldecke für mich? Oder sogar eine Ersatzhose – so lange, bis meine trocken ist?»

Der Diener ruft einen zweiten Diener. «Braucht Ihr sonst noch etwas? Eine heiße Suppe vielleicht?»

«Hört sich gut an. Ich bin sehr hungrig. Und vielleicht hast du eins von deinen Hemden übrig? Kann ruhig ein altes sein. Meins habe ich bei der Rettung von Lilli eingebüßt.»

Eine Dienerin bringt Suppe, ein Diener bringt ein Handtuch, um die Haare zu trocknen, ein anderer die Wolldecke, noch ein anderer bringt frische Kleidung – so ist Randolf noch nie im Leben bedient worden. Auch seine alte Pelzjacke hat sich inzwischen angefunden. Randolf greift in die Tasche: Das Messer ist noch da. Sorgfältig schiebt er die Goldmünze in das Knäuel mit dem Nähgarn.

Langsam wird ihm wieder warm. Zum ersten Mal seit vielen Wochen trägt er Wollsocken an den Füßen. Eingehüllt in die kuschelige Decke, löffelt er die Suppe. Am Kamin trocknen seine Stiefel und die Hose.

Behaglich in den Sessel gelehnt, schließt Randolf die Augen. So warm, so geborgen, so satt hat er sich lange nicht gefühlt.

Das Feuer macht seine Stirn glühen. Wie eine heiße Sonne. Ja, es ist warm ringsum, es ist Sommer, Randolf träumt. Eine strahlende Sommersonne leuchtet über dem Meer. Der Himmel und das Meer sind tiefblau, und Randolf reitet auf den glänzenden Flügeln. Neben ihm, den Kopf beinahe in den Wolken, sitzt sein Vater. Er lacht, und im wilden Flug hört Randolf seine Stimme: «Das silberne Segel, mein Junge, das silberne Segel! Nun gibt es keine Angst mehr. Nie wieder!»

Mit einem Ruck wird Randolf wach.

Ein Holzscheit im Kamin hat laut geknackt.

Vor dem Sofa steht der Diener. «Hat der Herr noch einen Wunsch?»

Randolf schüttelt den Kopf und reibt sich die Augen.

Er schaut ins Feuer. Züngelnd zerfressen die Flammen ein halb verbranntes Stück Holz.

Noch immer sieht er das Bild aus seinem Traum vor sich, und plötzlich erinnert er sich, dass er nicht zum ersten Mal davon geträumt hat. Randolf lehnt sich mit geschlossenen Augen zurück, er möchte das Traumbild noch einmal sehen, so genau wie möglich.

Schließlich ist seine Hose leidlich trocken. Randolf zieht sie wieder an. Auch seine Stiefel – mit den Wollsocken passen sie besser als zuvor. Das Hemd, das der Diener ihm geschenkt hat, ist aus flauschiger Wolle.

Er hängt seine Pelzjacke über die Schulter und lässt sich den Weg zu Lillis Zimmer zeigen, wo er sich verabschieden soll.

Lilli sitzt, in einen Morgenmantel und in dicke Daunendecken gehüllt, auf einem großen Bett mit seidener Bettwäsche. «Du willst schon gehen?»

Randolf spürt, wie er errötet. Er hat noch nie eine vornehme junge Dame in ihrem Schlafzimmer besucht. Er nickt und will zurück zur Tür.

«Ist es in deiner Gegend üblich, Hosen aus Wolfsfell zu tragen?», fragt Lilli.

Bevor Randolf antworten kann, steht ihr Vater in der Tür: «Hast du dich verabschiedet? Ich wünsche nicht, dass deine Mutter von den heutigen Vorfällen erfährt – es würde sie zu sehr aufregen und ihrer Gesundheit schaden.»

Randolf deutet eine Verbeugung an. «Ich wollte gerade gehen. Habt Dank für den Gulden.»

Lilli fährt auf. «Nur einen Gulden? Papa! Mehr ist dir mein Leben nicht wert?» Sie wirft ihre Haare zurück und funkelt ihren Vater an.

«Ich habe nicht an Geld gedacht, als ich ins Wasser gesprungen bin», sagt Randolf hastig.

«Da hörst du es, Lilli.» Und zu Randolf: «Wir sind dir sehr zu Dank verpflichtet. Alles Gute für deinen weiteren Weg.»

Als Lilli ihre Hand zum Abschied reicht, zwinkert sie Randolf zu. «Wie war doch gleich dein Name? Klingt es nicht so wie ‹Mittagsstunde›? ‹Parkrotunde›?»

Randolf stutzt. «Undeloh. So heißt ein kleiner Ort in der Lüneburger Heide. Von dort stammen meine Vorfahren.»

Verwirrt macht er sich auf den Weg.

Im Kopf hallen Lillis Worte: «Mittagsstunde. Parkrotunde». Und immer wieder sieht er das Zwinkern ihrer Augen.

4. Kapitel

# Ein seltsamer Käfer

Randolf geht in die Stadt. Er ist sehr zufrieden. Was für ein ereignisreicher Tag! Er hat eine warme Suppe im Bauch, ein neues Hemd und neue Strümpfe am Leib und einen ganzen Gulden in der Tasche.

*Mittagsstunde, Parkrotunde.*

Den erstbesten Passanten spricht er an: «Könnt Ihr mir sagen, wie ich zum Park komme?»

«Park? Welchen Park?»

«Gibt es hier in der Stadt keinen Park?»

«Ach so, du meinst den Schlosspark. Geradeaus, zweite rechts und dann wieder links.»

Pfeifend geht Randolf die Straßen entlang. Es ist früher Abend und wird rasch dunkel.

Im letzten Tageslicht findet er im Schlosspark tatsächlich ein großes, rund angelegtes Blumenbeet. Eine Rotunde.

Also morgen Mittag hier?

Er macht wieder kehrt.

Kommt an einem Gasthof vorbei. «Zum Goldenen Bären». Satt ist er, trinken will er nicht – aber mal wieder eine Nacht in einem richtigen Bett schlafen! Bevor ihm der Gulden von Spitzbuben gestohlen wird.

Der misstrauische Wirt beißt auf die Goldmünze und prüft, ob sie echt ist. Dann führt er Randolf zu seinem Zimmer. Es ist nur eine Dachkammer, aber auf dem Bett liegt eine richtige Daunendecke.

Mit einem wohligen Seufzer schlüpft er ins Bett und bläst die Kerze aus. Dehnen, recken, gähnen – und sich behaglich in die Decke kuscheln. Ein richtiges Bett! Mit Kissen und Matratze. Randolf kann sein Glück kaum fassen.

Wie durch Watte hört er von unten aus der Gaststube das Murmeln von Stimmen. Gläserklingen. Man ruft, lacht, trinkt und erzählt sich Geschichten.

Randolf schaut aus dem dunklen Fenster. Das letzte Mal, dass er in einem Bett gelegen hatte, war in jener Nacht, als …

Nein! Nicht daran denken! Er richtet sich zum Sitzen auf. Lehnt sich an die Wand, in die Daunendecke gewickelt.

Genau so hat Lilli auch auf ihrem Bett gesessen, fällt ihm ein.

Lilli. Was für ein merkwürdiges Mädchen.

Hat sie ‹Mittagsstunde, Parkrotunde› wirklich so gemeint, dass sie Randolf wiedersehen will? Wenn ja, ist sie verdammt schlau. Schnelles Denken.

Will Randolf sie wiedersehen?

Ach was, sie ist ihm völlig egal. Vielleicht kommt sie auch gar nicht. Jetzt will er erst mal schlafen!

Er legt sich wieder hin, gähnt wohlig, zieht die Bettdecke bis über das Kinn und schläft, bis die Morgensonne schon hoch am Himmel steht.

Schon Mittag?

Nein, unten in der Gaststube bekommt er für sein Geld ein fürstliches Frühstück, mit Bratkartoffeln und Eiern und Speck.

Mittags geht er in den Park. Die Luft ist noch wärmer geworden. Unter seinen Stiefeln spritzt das schmutzige Schneewasser. Von allen Bäumen tropft es, und das matte Sonnenlicht bringt die Tropfen zum Glitzern.

Keine Lilli an der Rotunde.

Randolf schlendert langsam um das Blumenbeet herum. Einmal, zweimal, dreimal – ist er denn verrückt, immer im Kreis herumzulaufen?

Er bleibt stehen.

Ein Wächter in Uniform kommt auf ihn zu. «Was hast du hier herumzulungern?»

«Ich warte auf jemanden. Ist das verboten?»

Der Wächter schaut ihn von oben bis unten an. Ganz langsam. Und wieder von unten nach oben. «Landstreicher mögen wir hier nicht. Ich empfehle dir, zu verschwinden – nicht nur hier aus dem Park, sondern am besten gleich aus der Stadt. Du landest sonst schneller im Gefängnis, als du glaubst!»

Randolf muss verblüfft lachen. «Ach ja, ich vergaß, dass ihr in dieser schönen Stadt noch keinen Krieg kennt. Die feinen Bürger sind den Anblick von Menschen nicht gewöhnt, die ihr Zuhause verloren haben. Sei beruhigt: Ich tue niemandem etwas Böses.»

«Sogar ganz im Gegenteil!», ruft plötzlich eine helle Stimme hinter ihm. «Dieser junge Mann hat mir gestern das Leben gerettet!»

«Fräulein von Behringen!» Der Wächter ist erschrocken zusammengezuckt, er macht eine Verbeugung.

Lilli kommt herangestürmt. Unter den riesigen, bauschigen Röcken sind ihre Füße kaum zu sehen. Sie stellt sich zwischen Randolf und den Wächter. «Der junge Herr hat eine weite Reise hinter sich. Von der Lüneburger Heide. Ich wünsche, dass er respektvoll behandelt wird.»

«Ja, selbstverständlich ... ich konnte nicht wissen, dass Ihr ... äh ...» Stotternd, murmelnd und mit einer erneuten unbeholfenen Verbeugung entfernt sich der Wächter.

Lilli lacht und schüttelt ihre Locken. «Mein Vater kann dich auch nicht leiden. Er ist dagegen, dass wir uns wiedersehen.»

Randolf lächelt unbekümmert. «Als Euer Retter bin ich für Euch verantwortlich. Euer Leben lang. Das ist nun mal so.»

«Pah! In Geschichten! Aber nicht im wirklichen Leben!»

«Warum wolltet Ihr mich wiedertreffen? ‹Mittagsstunde, Parkrotunde›?»

Lilli schießt das Blut ins Gesicht. «Ich weiß nicht, was du meinst! Ganz zufällig kam ich hier vorbei, auf meinem Spaziergang ...»

«Also haben wir uns ganz zufällig hier getroffen und gehen nun ganz zufällig aneinander vorbei. Adieu, Lilli!» Randolf wendet sich zum Gehen.

Mit einem Satz ist Lilli bei ihm. «Du … du hast ja Recht. Ich wollte dich wiedersehen. Einen Menschen wie dich habe ich noch nie getroffen!»

Randolf ist stehen geblieben. «Was meint Ihr damit: so einen wie mich? Ihr haltet mich auch für einen Landstreicher?»

«Nein, nein! Nur … Die Menschen, die ich kenne, sind alle irgendwie langweilig. Sie reden so fein daher, sind immer sauber gekleidet und beachten die guten Manieren – aber keiner ist so mutig. Und so abgehärtet, und so frei.»

Randolf lacht kurz auf. «Frei? Wenn das, was ich erlebe, Freiheit ist – na danke! Ihr musstet bestimmt noch kein Rattenfleisch essen, weil Ihr sonst verhungert wärt! Euer Vater und Eure Mutter …»

«Sei still!», unterbricht Lilli, «rede nicht von meiner Mutter! Sie ist schwer krank, und sie wird wohl sterben.»

«Oh – Entschuldigung.» Randolf beißt sich auf die Lippen. «Das … tut mir leid.»

«Konntest du ja nicht wissen.»

«Und Euer Vater? Was hat er gegen mich?»

«Er sagt, du hast keine Manieren. Und er ist sicher, dass du stehlen und lügen würdest, um dich durchzuschlagen.»

«Also bin ich gefährlich? Ein schlechter Einfluss?»

Lilli kichert. «So ungefähr. Aber in diesen Tagen ist Vater ohnehin zornig auf alles und jeden und schimpft auf die ganze Welt. Er hatte beruflich Pech.»

«Ist ein Geschäft schief gegangen?»

Lilli nickt. «Das kann man wohl sagen. Eine ganze Schiffsladung, wertvolle Fracht, ist verloren. Das Schiff wurde von Piraten gekapert und versenkt.» Sie schaut sich hastig um. «Ich kann nicht lange bleiben. Sicher vermissen sie mich schon. Bleibst du in der Stadt?»

Randolf zuckt mit den Schultern. «Warum sollte ich?»

«Dann könnten wir uns wiedertreffen. Morgen Mittag wieder hier?»

«Warum nicht heute Abend?»

«Ach, du hast keine Ahnung! Ich steh immer unter Bewachung! – Halt still, du hast da was an der Jacke ...» Lilli streicht ihre Hand mit einem schnellen Ruck über die Tasche an Randolfs Pelzjacke. «Ein Käfer oder eine Wespe ... schon weg!»

«Wespen gibt es noch gar nicht in dieser Jahreszeit!»

«Dann war es eben ein Käfer. Ist ja auch egal.»

Randolf schaut ihr in die Augen. «Wenn Euer Leben so eingeengt ist und Ihr immer bewacht werdet – dann kommt doch einfach mit mir! Wir ziehen zusammen durch die Welt. Zu zweit ist es lustiger.»

Lilli seufzt. «Und meine Mutter? Sie ist krank, ich kann sie nicht allein lassen. Also bis morgen, um dieselbe Zeit!» Schon geht sie mit schnellen Schritten davon.

Randolf steckt die Hände in die Taschen der Pelzjacke. Er schaut einer Krähe zu, die von einem Baum hochgeflogen ist und nun hoch durch die Luft segelt.

In der Stadt bleiben? Lilli wiedersehen? Weiterwandern? Er schlendert in Richtung Marktplatz. Mit der rechten Hand fühlt er in der Tasche die restlichen Geldmünzen. Mit der linken Hand – nanu?

Ruckartig bleibt er stehen. In der Hand hält er einen ganzen Gulden.

Er lächelt. Ein Käfer oder eine Wespe, soso.

5. Kapitel

# Neuigkeiten

Auf dem Marktplatz herrscht quirliges Leben. Rufende Marktschreier an den Obst- und Gemüseständen, gackernde Hühner und schnatternde Gänse, die verkauft werden sollen, ein buntes Gewimmel von Schaulustigen und Käufern.

Randolf sucht nichts Bestimmtes, er möchte einfach gucken. Lange ist er nicht unter Menschen gewesen, lange nicht in einer Stadt, wo es keinen Krieg gibt. Er lässt sich vom Strom der Menge schieben, durch einen schmalen Gang zwischen Marktbuden und Verkaufsständen. Es duftet nach seltenen Kräutern und Gewürzen, nach frisch gebackenem Brot, nach Kuchen und nach Süßigkeiten. An einem Spieß wird ein dampfendes, knusprig braunes Spanferkel über dem Feuer gedreht.

Alles redet, schwatzt, scherzt und lärmt und lacht und ruft durcheinander. Die Menschen tragen farbige und saubere Kleidung. Alle sind verschieden angezogen: Bauern, Bürger, Handwerker. Männer und Frauen und Kinder. Selbst die Trunkenbolde sehen hier weniger zerlumpt aus als in den Städten, in denen Krieg herrscht.

An einem Stand, wo Lederwaren angeboten werden,

bleibt Randolf stehen. Einen Gürtel könnte er gut gebrauchen. Das wäre besser als der alte, morsche Strick, mit dem er sich seit Monaten die Hose zusammenbindet.

Er sucht sich einen breiten, stabilen Ledergürtel mit silberner Schnalle aus. Nach einer Weile des Handelns und Feilschens ist die Marktfrau widerwillig bereit, ihm den Gürtel für einen Gulden zu verkaufen. Sie schimpft: «Mein Mann wird mich verprügeln, und die Leute werden mich auslachen, wenn sie erfahren, wie billig ich meine Sachen verkaufe ...»

Den alten Strick schenkt er zwei Kindern, die damit neben einem Stand sofort Tauziehen spielen. Aber der Strick reißt, die Kinder fallen hin.

Randolf schiebt sich weiter durch die Menge.

Ein Mann mit einem bunten Kostüm und einem Musikinstrument, von Kindern umringt, steigt die Stufen zu einem Podest hoch. Oben angekommen, hängt er sich das Saiteninstrument vor den Bauch, nimmt seinen großen Hut ab, schwenkt ihn über dem Kopf und ruft: «Leute, ich bringe Kunde aus fernen Ländern und fremden Städten! Wollt ihr hören, was in der Welt geschieht?»

Eine Gejohle antwortet ihm.

Die Menge drängt an das Podest heran. Es ist jedes Mal eine kleine Sensation, wenn Gaukler oder Bänkelsänger in die Stadt kommen.

Der Mann setzt seinen Hut wieder auf. Er schaut ins Publikum, lässt langsam seinen Blick schweifen. Er lächelt. Und murmelt ein paar leise Worte.

Erwartungsvolles Getuschel, unterdrücktes Zischen und Murmeln: «Nun seid doch mal still, ich kann ja gar nichts verstehen!»

«Auf meinen Reisen kam ich in die Stadt Hamburg!», ruft der Gaukler. «Dort gibt es einen großen Hafen. Schiffe aus aller Welt kommen und fahren ab ...» Und nun singt und erzählt er eine schlüpfrige Geschichte von der heimlichen Liebschaft zwischen einer verheirateten, reichen Hamburgerin und einem Seemann. Nur zweimal im Jahr legt sein Schiff für wenige Tage im Hamburger Hafen an, aber jeder dieser Tage wird für verbotene Liebesspiele genutzt. Und der betrogene Ehemann merkt nichts.

Das Volk lacht und applaudiert. Solche Geschichten will es hören.

Der Gaukler nimmt den Hut ab und legt ihn mit der Öffnung nach oben vor seine Füße. «Eine Geschichte hab ich euch geschenkt. Die war umsonst. Soll ich noch eine erzählen?»

Begeisterte Zustimmung. Johlen, Pfeifen, Trampeln mit den Füßen.

Der Hut auf dem Podest liegt in Augenhöhe des Publikums. Einzelne Münzen werden hineingeworfen.

Der Gaukler lächelt und dankt. «In Hamburg erfuhr ich auch von dem grausamen Piratenkapitän, der die Meere unsicher macht. Ich höre, dass sogar Kaufleute aus eurer Stadt durch diesen Schurken Schaden genommen haben?»

Eifriges Nicken. Aufgeregtes Getuschel. Namen werden gezischt und geflüstert, unter anderen auch der Name von Behringen.

«Dieser Piratenkapitän …», ruft der Gaukler und schlägt einmal kurz über die Saiten seiner Laute. Dann hält er inne. «Ich denke, wenn in meinem Hut noch ein paar mehr Münzen klingeln würden, dann hätte ich wohl noch mehr Lust, euch die Geschichte zu erzählen – mit allen Mitteln der Kunst.»

Gelächter und Gemurmel. Geldbörsen und Geldbeutel werden gezückt, einzelne Menschen drängen sich durch die Menge nach vorne zu dem Podest und dem Hut.

Als wieder Stille eingetreten ist, beginnt der Gaukler zu flüstern:

*«Das Meer ist ein gefährlicher Ort. Haie und Kraken leben dort,*
*es toben Stürme und Gewitter – doch eine Kraft ist besonders bitter.*
*Einer ist schlimmer als Haie und Kraken: ein Jäger, der mit dem Enterhaken*
*dein Schiff dir packt und raubt es aus mit wüsten Schüssen und mit Gebraus.*
*Für manchen Käpten, Maat und Schiffsjung war's eine tödliche Begegnung.*
*Sein Name wird von allen nur gewispert,*
*man spricht nicht über ihn, man flüstert:*
*Eisenfuß! Eisenfuß!*
*So hart wie er ist gegen andere, so hart ist er gegen sich selbst.*

*Im Kerker saß er als Gefang'ner, sein Galgen war aufgestellt,*
*und der Henker knüpfte die Schlinge, das Volk wollte ihn hängen sehn,*
*der Henker knüpfte die Schlinge als letzte Krawatte für den Piratenkapitän.*
*Angekettet war der Käpten im Kerker,*
*sein Fuß war festgeschmiedet an der Wand.*
*Doch sein Wille zum Leben war stärker und führte ihm schließlich die Hand.*
*Es brachte ihm einer ein Beil, und der Käpten hackte sich frei.*
*Er hackte, hackte, hackte sich frei.*
*Den Fuß geopfert, dem Tode entronnen*
*und einen gefürchteten Namen bekommen.*
*Der Name wird von allen nur gewispert,*
*man spricht nicht über ihn, man flüstert:*
*Eisenfuß! Eisenfuß!»*

Prasselnder Beifall. Der Sänger verbeugt sich. Auch Randolf legt eine Münze in den Hut.

Der Gaukler trägt noch drei weitere Geschichten und Gesänge vor. Dann verbeugt er sich unter dem letzten Applaus. «Nun möchte ich euch nicht länger von euren Marktgeschäften abhalten. Es war mir ein Vergnügen! Wer mir Geschichten aus eurer Stadt erzählen mag – ich freue mich immer, wenn ich Neuigkeiten erfahre.»

Er steigt die Stufen hinab vom Podest. Die Menge verläuft sich. Zwei Dienstmädchen bleiben zurück und erzählen dem Gaukler die neuesten Klatschgeschichten aus der Stadt.

Der Gaukler hört aufmerksam zu.

Randolf gesellt sich zu der kleinen Gruppe.

Das Mädchen hat seine Geschichte beendet. Der Gaukler wendet sich an Randolf. «Du trägst eine ungewöhnliche Hose, Landsmann. So eine sah ich noch nirgendwo.»

«Das war mal ein Wolf.»

«Willst du mir die Geschichte erzählen?»

Randolf schaut ihn an. «Damit Ihr ein Lied daraus macht?»

«Warum nicht?» Der Gaukler lacht. Er deklamiert mit übertriebener Betonung: «‹Die wahre Moritat über den einsamen Jüngling in der Wolfsfellhose›! Das klingt doch schon mal viel versprechend – oder, meine Damen?»

Die Dienstmädchen kichern.

Auch Randolf muss lachen. «Meine Geschichte hat noch kein Ende. Ich erzähle sie Euch, wenn es so weit ist.»

«Abgemacht! Ich heiße Armando.»

«Randolf!»

Sie schütteln sich die Hände.

Die beiden Dienstmädchen verabschieden sich und traben davon.

Armando schüttet die Münzen aus seinem Hut in einen ledernen Geldbeutel. «Ich bin durstig und habe gut verdient. Wenn du magst, lade ich dich zu einem Glas Wein ein.»

«Apfelsaft ist auch in Ordnung», sagt Randolf und geht gern mit dem Gaukler mit. «Ich möchte Euch gern etwas fragen.»

Um die Ecke ist ein Gasthof.

Armando und Randolf haben sich gebratene Schinkenwürfel zum Knabbern bestellt. Beide heben ihre Gläser, prosten sich zu und trinken.

«Was möchtest du wissen?», fragt Armando, als er sein Glas abstellt.

«Ihr kommt doch viel in der Welt herum. Habt Ihr jemals irgendwo erzählen hören von einem silbernen Segel?»

Armando stutzt. «Das silberne Segel? Willst du es suchen?»

«Mein Vater hat mir davon erzählt, bevor er starb. Ich würde gern wissen, ob es das in Wirklichkeit gibt oder ob es nur ein Traum von ihm war.»

«Das silberne Segel ...» Der Gaukler schaut träumerisch aus dem Fenster. «Ein sehr alter Mann im Norden hat mal davon erzählt. Ich hielt es für eine hübsche erfundene Geschichte. Aber ein paar Jahre später hörte ich, wie eine Frau im Süden ebenfalls davon erzählte. Es kann also sein, dass an der Sache doch etwas Wahres dran ist.»

«Was wurde Euch erzählt?»

«Der alte Mann sagte: ‹Wenn die Menschen das silberne Segel vergessen, geht eine große Hoffnung für die Welt verloren.› Und die alte Frau sagte: ‹Ich bete immer noch jeden Tag dafür, dass sich der versprochene Reiter doch noch auf den Weg macht.›»

«Ein Reiter?»

«Es heißt, wer das silberne Segel reitet, kennt keine Angst mehr und wird der ganzen Menschheit ein großartiges Geschenk machen.»

«Ein Silberschatz? Der die Menschen reich macht?»

«Das Segel soll eine ungeheure Kraft haben. Die Leute stellen sich vor, dass es Licht in die Herzen bringen kann, sodass die Menschen keine Angst mehr haben. Aber nur, wenn ein Mensch mutig genug ist, um die Aufgaben zu lösen.»

«Welche Aufgaben?»

«Das konnte mir keiner sagen. Es sollen drei Aufgaben sein. Wenn ich mich in der Welt umschaue, denke ich manchmal: Es wäre höchste Zeit für das Licht des silbernen Segels – denn alle Herzen sind dunkel vor Angst. Ringsum nichts als Angst, Angst und nochmal Angst.»

«Aber wie könnte ein Silbersegel in die Herzen hineinleuchten?»

«Keine Ahnung. Vielleicht ist es doch nur eine Geschichte.» Armando schaut Randolf an. «Ob sie wahr oder erfunden ist, kann ich dir nicht sagen. Selbst bei meinen eigenen Geschichten weiß ich nicht immer, ob sie wirklich stimmen.»

«Wie bei diesem Piratenkapitän Eisenfuß? Hat der sich wirklich den eigenen Fuß abgehackt?»

«So wurde mir erzählt!» Armando lacht. «Das Piratenschiff heißt *Kralle*, und das gibt es wirklich. Ob die Sache mit dem Fuß stimmt, weiß ich nicht. Ich mag einfach gute Geschichten, und diese ist gut.» Er trinkt sein Glas aus und steht auf. «Viele Wochen war ich nicht in dieser Stadt. Und ich kenne da ein hübsches Mädchen …» Er lächelt spitzbübisch. Hängt sich seine Laute über den Rücken, winkt einen Abschiedsgruß und geht.

6. Kapitel

# Aufbruch

Es dauert nur wenige Wochen, dann hat der Frühling den Winter verscheucht. Sonne und Wind haben den Schnee und das Eis weggewischt. Die Wiesen sind getrocknet, Krokusse wachsen, und an den Bäumen brechen die ersten Knospen auf.

Längst, vor Wochen schon, ist der Gaukler weitergezogen, aber Randolf ist immer noch in der Stadt. Warum? Er genießt es, an einem Ort zu sein, wo kein Krieg herrscht.

Und Lilli lebt hier, natürlich. Leider trifft er sie nur noch sehr selten. Das hat Gründe, über die er gar nicht nachdenken mag.

Sein Schlafplatz liegt ein wenig außerhalb, am Rande der Stadt, wo neben dem Fluss nur noch Wiesen und Felder sind. Auf einer wilden Wiese am Ufer steht eine verfallene Scheune. Dort hat Randolf Unterschlupf gefunden, seit die Münzen aufgebraucht sind. Die Scheune ist zur Hälfte eingestürzt, aber im hinteren Teil ist das Dach noch wasserdicht. Im Traum hört er leise das Wasser rauschen.

Jetzt im Frühling ist es nachts schon nicht mehr so

kalt, und wenn es nicht regnet, schläft Randolf am liebsten unter freiem Himmel neben der Scheune.

In den nächsten Tagen scheint die Sonne so warm, dass Randolf auf Pelzjacke und Stiefel verzichtet. Er versteckt die Sachen tagsüber in einer Ecke der Scheune. Nur sein Messer hat er immer dabei: Es steckt im Gürtel seiner Hose. Dem breiten Ledergürtel, den er damals nach dem Treffen mit Lilli gekauft hatte.

Er schlendert barfuß durch die Stadt.

Dort ist er nicht beliebt.

Bürger und Handwerker sehen ihn schief von der Seite an. Das Hemd, das der Diener ihm damals geschenkt hatte, wird wohl nie wieder richtig weiß werden. Randolfs Versuche, es im Fluss zu waschen, bleiben ohne sichtbaren Erfolg.

Mütter zeigen mit dem Finger auf ihn und warnen ihre Kinder: «Lasst euch bloß nicht mit diesem Landstreicherbengel ein! Der beklaut und verprügelt euch, wenn ihr nicht aufpasst!»

Randolf setzt sich auf einen Zaun in der Nähe des Parks. Er weiß nicht recht, wie es weitergehen soll. Lohnt es sich, auf Lilli zu warten?

Lilli.

Der einzige Mensch seit seiner Flucht, der sich jedes Mal freut, ihn zu sehen. Sie ist ihm wie eine Schwester geworden. Wie oft haben sie sich schon getroffen? Anfangs im Schlosspark, später in der verfallenen Scheune am Fluss … Sie haben sich gegenseitig ihr ganzes Leben erzählt.

Bis dann die Sache …

Randolf zückt das Messer und hackt wütend eine Kerbe in den Zaun.

Was hat das Schicksal gegen ihn? Warum passiert ihm immer, immer wieder nur neues Unheil?

Im Winter hatte er für ein paar Wochen Arbeit in einer Schneiderwerkstatt gefunden. Die Arbeit ging ihm flink von der Hand. Er genoss es, warm und trocken zu leben, und gab sich beim Nähen Mühe. Schnell sprach sich unter den Kunden herum, dass es in der Stadt nun einen ganz besonders geschickten Schneider gab, der auch Sonderwünsche erfüllte.

Zunächst freute sich der Meister. Mehr Kunden und mehr Aufträge für seine Werksatt – das bedeutete gutes Geld. Dann musste der Meister immer öfter sagen: «Der junge Randolf kann sich darum nicht kümmern, er hat zu viel Arbeit. Aber ich nähe es Ihnen gerne …»

«Nein, nein, wir warten lieber, bis Randolf Zeit hat.»

Das ärgerte den Meister. Dieser hergelaufene Bengel – ohne Ausbildungsbrief, ohne Schneiderlehre – war bei den reichen Kundinnen beliebter als ein erfahrener und würdiger Meister? Das ging nicht mit rechten Dingen zu. Es war doch geradezu verdächtig, wie gut er nähen konnte! Und dass er sich weigerte, eine andere Hose zu tragen als diesen verwilderten Wolfspelz … Immer argwöhnischer beobachtete ihn der alte Schneider.

Dann kam der verhängnisvolle Morgen. Der Meister entdeckte, dass ihm der Geldbeutel fehlte. Weg! Gestohlen! Doch nicht etwa der Geselle geriet in Verdacht, der nachts beim Würfelspiel in einer Spelunke regelmäßig viel Geld verlor und vertrank – nein, der Schuldige war angeblich Randolf.

Man hatte zwar keinen Beweis, das Geld blieb verschwunden, aber Randolf wurde mit Schimpf und Schande davongejagt.

Im Handumdrehen wusste es die ganze Stadt: Randolf, der Dieb!

Randolf springt von dem Zaun, schiebt das Messer in den Gürtel und klopft sich die Hose ab.

Warum ist er überhaupt noch hier? Soll er sich womöglich als Bettler in die Straßen setzen, nur weil er hofft, Lilli irgendwann wiederzusehen?

Er stößt mit dem Fuß einen Stein aus dem Weg und geht die Gasse entlang, die aus der Stadt herausführt.

Auf der anderen Straßenseite kommt ihm eine Gruppe von Kindern entgegen. Die Kinder bleiben stehen und halten sich in sicherem Abstand – bereit, sofort wegzulaufen.

«Wolfsjunge! Wolfsjunge!», ruft ein Mädchen mit bunten Zopfspangen.

Auch Randolf ist stehen geblieben.

Ein Junge, dem das Hemd aus der Hose hängt, fragt neugierig: «Ist die Hose wirklich aus dem Fell von einem echten Wolf?»

Randolf zuckt mit den Schultern. «Hat einer von euch was zu essen dabei?»

Das Mädchen sagt hämisch: «Mein Vater meint, du kommst bald ins Gefängnis!»

Lachend und kreischend laufen die Kinder davon.

Randolf geht am Fluss entlang und lässt die Stadt hinter sich.

Es tut gut, unter den nackten Fußsohlen wieder weiches Gras zu spüren. In der Stadt sind die Wege voller Dreck und Sand und Scherben.

Die Wellen des Flusses sind in munterer, plätschernder Bewegung, gerade ist ein kleines Handelsschiff vorbeigesegelt.

Lohnt es sich, auf Lilli zu warten? Wahrscheinlich kommt sie wieder nicht.

Lillis Vater hatte natürlich sofort erfahren, dass Randolf als Dieb verdächtigt wurde. Als Kaufmann hörte er von den Lieferanten immer den neuesten Klatsch aus der Stadt.

Und als ihm dann noch zu Ohren kam, dass seine Tochter sich heimlich mit diesem Schurken traf, tobte der Vater vor Wut.

Seitdem war es Lilli nur ein einziges Mal gelungen, für kurze Zeit zu entwischen. Der Vater ließ sie rund um die Uhr von Dienstboten überwachen.

Mit einem Ruck bleibt Randolf stehen. Er traut seinen Augen nicht. Da vorne, da müsste doch eigentlich …

Eingestürzte, schwarze, verkohlte, qualmende Balkenreste sind alles, was von der Bretterscheune übrig geblieben ist.

Wie kann sie in Brand geraten sein? Hatte er …?

Nein, Randolf hatte kein Feuer brennen lassen. Jemand muss die Scheune mutwillig angezündet haben.

Seine Sachen! Das Einzige, was ihm von Vater geblieben ist!

Mit einem Schrei läuft Randolf zu den schwelenden Trümmern. Beißender Brandgeruch bringt ihn zum Husten, treibt ihm Tränen in die Augen.

Von der Pelzjacke findet sich keine Spur mehr.

Nur die verkohlten Reste der Stiefel. Das Feuer hat die Nähte gefressen. Übrig sind nur noch schwarze, gekrümmte, steinharte Lederkrusten.

Der ätzende Gestank ist nicht auszuhalten. Randolf läuft weg von der qualmenden Ruine, zum Ufer des Flusses. Alles an ihm stinkt nach Rauch. Er springt ins Wasser, mit allem, was er am Leibe trägt – mit allem, was er noch besitzt.

Tropfnass klettert er wieder an Land und legt sich in die Sonne.

Und nun? Mutlos und erschöpft schließt er für eine Weile die Augen.

Sanft plätschern die Wellen des Flusses am Ufer.

Die Sonne steht hoch und hell am Himmel.

Schlafen, wegfliegen, irgendwohin … Er segelt fort in einen Traum.

Das Sonnenlicht durchströmt ihn, sogar hinter den geschlossenen Augen wird das Licht heller und heller, es wird ganz weiß, ein weißes, klares Licht, das sich überall in Randolf ausbreitet, er taucht in eine helle, wunderschöne Welt.

Mit einem Ruck wird er wach.

Lilli rüttelt ihn an der Schulter. «Bitte, wach auf, um Himmels willen! Bist du verletzt? Was ist passiert? Hat das Feuer dich …»

Randolf richtet sich zum Sitzen auf und schüttelt den Kopf. «Nur meine Sachen sind weg.» Er schlägt wütend mit der Faust auf das Gras. «Ich weiß nicht, was das Schicksal gegen mich hat … immer geht mir alles schief.»

Lilli hockt neben ihm auf dem Gras. Sie lehnt sich an seine Schulter. Beide schauen auf die zusammengefallenen Trümmer der Scheune, über denen immer noch kleine Qualmwolken wabern.

«Wer hat das getan?», flüstert Lilli.

«Es kann kein Zufall gewesen sein. Es gibt genug Leute, die mich nicht mögen.»

Lilli blickt sich wachsam um. «Beinahe hätte es diesmal wieder nicht geklappt. Wir sind mit der ganzen Familie beim Bürgermeister eingeladen, und Papa will unbedingt, dass ich mitkomme, wahrscheinlich sucht er mich schon, ich muss gleich wieder weg –»

«Zum Bürgermeister?»

Lilli wischt sich eine Haarsträhne aus der Stirn. Sie

spricht sehr schnell und verhaspelt sich beinahe: «Ja, Papa ist mit ihm befreundet, weißt du, und der Bruder von dem Bürgermeister ist Schneidermeister, er hat eine große eigene Schneiderei, und er sucht immer mal Lehrlinge, und da hab ich gedacht, vielleicht, wenn ich mit dem Bürgermeister spreche ...»

Warum nur muss sie dauernd so viel reden?, fragt Randolf sich. Wenn er Lilli nicht sieht, vermisst er sie, aber sobald sie sich treffen, zerrt ihr Geplapper an seinen Nerven.

Lilli wedelt ihr Taschentuch vor seinem Gesicht. «Hörst du mir überhaupt zu? Eine Schneiderlehre wäre doch etwas Wunderbares!»

Randolf streckt sich in der Sonne aus. «Vorhin, bevor du kamst, hab ich mir noch geschworen, ich bleib hier. Wegen dir, Lilli. Und ich dachte, deinetwegen könnte ich das alles aushalten – den Hunger, die Verleumdungen und den Spott der anderen. Aber ... ich weiß jetzt, dass es nicht geht. Hier bin ich für alle Leute immer nur der Herumtreiber. Dem man ungestraft seinen Besitz verbrennt. Ein Ausgestoßener. Und das werd ich auch immer bleiben – ganz egal, ob ich mir Mühe gebe als Schneider oder als Bäcker oder als Kaufmann. Niemals wird dein Vater dir erlauben, dass du mit mir zusammen bist. Wir werden uns immer nur heimlich treffen ...»

Erschrocken packt Lilli ihn an der Schulter. «Du willst doch nicht etwa weggehen?»

«Ich weiß doch selber nicht, was ich tun soll!» Randolf reißt ein Grasbüschel aus und schleudert es beiseite. «Kannst du dir vorstellen, wie ich mich fühle? Zum ersten Mal seit meiner Flucht hab ich einen Menschen getroffen, der nett zu mir ist. Das bist du. Natürlich will ich dich nicht verlassen ...» Er richtet sich auf. «Aber ich will auch nicht immer weiter nur vom Rest der Stadt wie der letzte Dreck behandelt werden. Und dann ist da noch dieser seltsame Traum, heute zum dritten Mal.»

«Wieder von silbernen Flügeln?»

«Vom silbernen Segel. Als ob ich aufgerufen bin, mich auf den Weg zu machen, um irgendeine Aufgabe zu lösen. Und mit jedem Traum wird die Aufforderung dringender. Aber ich weiß nicht mal, was ich tun soll und wohin ich reisen soll – es ist alles so kompliziert – vielleicht ist das Ganze auch nur ein Hirngespinst –»

Er springt auf, macht ein paar Schritte in Richtung Fluss. «Ich fühl mich so, als ob mich etwas in zwei Stücke zerreißt. Die eine Hälfte möchte gern hier bei dir bleiben, und die andere Hälfte drängt, endlich der Stimme aus dem Traum zu folgen. Es war der letzte Wunsch meines Vaters, und als ich mir die Hose aus dem Wolfsfell nähte, habe ich geschworen, nach diesem silbernen Segel zu suchen. Dabei – glaub mir! – habe ich wirklich erst mal die Nase voll von Abenteuern und von unliebsamen Überraschungen und immer wieder neuen Schwierigkeiten ...»

Lillis Blick ist empört. «Bloß weil du von einer blinkenden Erscheinung geträumt hast, willst du ... mich einfach so verlassen?»

«Du hörst mir ja gar nicht zu!», ruft Randolf wütend.

«Ich schütte dir mein Herz aus, und dich interessiert nur, dass ich dich womöglich verlassen könnte. Dich! Dich! Alles andere interessiert dich gar nicht …»

«Das ist nicht wahr!»

«Doch! Du bist eine ganz verwöhnte Göre!»

«Was fällt dir ein!» Lillis Augen blitzen.

Randolf schluckt. «Es tut mir leid», sagt er zerknirscht.

Lilli seufzt. Sie nimmt seine Hand. «Ich selbst fühle mich doch genau so hin- und hergerissen. Eigentlich hasse ich mein enges Leben zu Hause, mit den tausend Vorschriften und Verboten und Regeln fürs vornehme Benehmen, und ich würde am liebsten mit dir ausreißen und in die weite Welt ziehen – aber dann hänge ich doch wieder an meiner Familie, und wo Mama so krank ist …»

Beide schauen eine Weile aufs Wasser und schweigen.

«Ich wette, in meinem Gürtel steckt wieder ein Goldstück, das vorhin noch nicht da war …» Randolf tastet den Hosenbund ab und zieht ein zusammengefaltetes Taschentuch heraus. Er lächelt. «Sogar zwei Münzen heute. Das ist lieb von dir gemeint, ich weiß – wie oft schon hast du mir Geld zugesteckt! Aber … Ich kann und will nicht immer nur von Almosen leben!»

«Gibt es dieses silberne Segel wirklich?», fragt Lilli.

Randolf setzt sich auf die Böschung und hackt mit dem Messer nach Grashalmen. «Ich weiß es nicht. Im Traum ist es so, als ob mein Vater mich ruft. Von ihm habe ich nun nichts mehr als das Messer und diesen Traum.»

«Und was ruft er, dein Vater?»

«Er ruft nicht ... Es ist mehr ein Flüstern. Seine Stimme sagt: ‹Wer das silberne Segel lenkt, kennt keine Angst mehr.› Und das Gefühl, das ich dann erlebt habe, in diesem silbernen, hellen Licht ... Ich möchte nicht nur im Traum frei sein, sondern im wirklichen Leben. Frei, verstehst du?»

Lilli seufzt. «Ich denke, es gibt keinen Menschen, der sich nicht danach sehnt.» Eine Weile starren beide in die Ferne, jeder hängt seinen eigenen Gedanken nach.

«Und wo willst du danach suchen?», fragt Lilli schließlich.

«Vielleicht sollte ich ans Meer. Die größte Hafenstadt heißt Hamburg.»

Lilli erschrickt. «Weißt du, wie weit das ist? Von Dresden nach Hamburg – das ist fast einmal quer durch Deutschland! Zu Fuß dauert das Wochen!»

«Ha!», ruft plötzlich eine wütende Stimme ganz in der Nähe. «Dachte ich mir doch, dass ich dich hier mit diesem ...»

«Dein Vater!», zischt Randolf und will weglaufen, aber er beherrscht sich.

Herr von Behringen kommt wütend über die Wiese herangestampft. Er packt Lilli am Arm: «Wir sind spät dran. Der Bürgermeister wartet schon.»

«Leb wohl, Lilli!», sagt Randolf. Er schaut ihrem Vater in die Augen: «Auf Nimmerwiedersehen, Herr von Behringen!»

Lilli reißt ihre Augen auf vor Schreck.

«Du wirst abreisen?», fragt ihr Vater misstrauisch.

Randolf nickt. «Ich habe mich gerade entschlossen. Es muss sein, Lilli!»

Sie leistet nur schwachen Widerstand, als ihr Vater sie davonzerrt, und sie wendet ein letztes Mal den Kopf zu Randolf. «Werde ich dich irgendwann wiedersehen, mein Lebensretter?»

Er haucht einen Kuss in die Luft. «Wenn du dich eines Tages auch mal ganz stark sehnst nach diesem Gefühl, wirklich frei zu sein – dann treffen wir uns am silbernen Segel.»

Randolf schaut ihr nach, bis sie mit ihrem Vater hinter der Stadtmauer verschwindet.

Ein letzter Blick auf die rauchende Ruine, dann wendet er sich ab und macht sich auf den Weg.

7. Kapitel

# Die Reise beginnt

Es bleibt derselbe Traum. Es bleibt derselbe Traum ...»

Ohne es bewusst zu merken, bildet Randolfs Gehirn beim Gehen, im Rhythmus der Schritte, einzelne Worte, die sich wiederholen.

Vor ihm fliegt ein weißer Schmetterling, setzt sich kurz auf die gelb leuchtende kleine Sonne einer Löwenzahnblüte, klettert dann wieder durch die Luft mit ein paar Flügelschlägen hoch nach oben und fliegt davon.

*Schmetterling, Kletterding. Schmetterling, Kletterding* ...

Über den Weg muss Randolf nicht nachdenken, er geht immer geradeaus am Fluss entlang. Die Elbe fließt zum Meer. Solange er nahe genug am Wasser entlanggeht, kann er sich nicht verlaufen.

Gehen. Gehen, einfach immer weiter gehen. Tagelang. Die Uferböschung ist mit Gras bewachsen. Beim Gehen lösen sich viele alte, dumpfe Gefühle auf. Er hat geweint, natürlich, als er wieder an die Eltern denken musste. Aber das Gehen hilft. Es ist, als ob man mit jedem Wegstück ein bisschen freier atmen kann. Gedanken wehen durch den Kopf, Erinnerungen. Auch Fragen. Manchmal auch einfach nur dummes Zeug.

*Schmetterling, Kletterding.*

Stiefel und Pelzjacke vermisst er nicht, die Sonne steht hoch am Himmel. Es ist Mai. Das Ufergras, warm von der Sonne, fühlt sich unter den nackten Füßen weich und flauschig an. So nah am Wasser wird es nie vollständig trocken. Am Anfang kitzelte es noch unter den Fußsohlen, aber die Haut hat sich schnell daran gewöhnt. Wie anders ist das Gehen ohne Schuhe! Ab und zu muss er einer Baumwurzel oder einem Stein ausweichen.

Die Blätter an den Bäumen und Gebüschen haben ein helles, kräftiges, junges Grün. Sie fühlen sich weich und zart an, wenn sie über die Haut streifen.

Hunderte von Vögeln zwitschern ringsum, Insekten schwirren über das Wasser. Wenn Randolf von einem Schiff überholt wird oder ihm eins entgegenkommt, winkt er den Matrosen zu. Die Elbe ist eine viel befahrene Wasserstraße.

Randolf geht und geht. Er fühlt sich frei und leicht und ist neugierig auf das, was er in nächster Zeit erleben wird.

Der letzte Traum vom silbernen Segel war besonders eindringlich und mächtig gewesen.

In diesem Traum hatte er eine seltsame, kleine Schrifttafel gesehen. Wie eine Art Amulett. Ein Metallplättchen aus Messing oder Kupfer, angestrahlt vom Licht des silbernen Segels. Ins Metall geprägt waren gehämmerte und schwarz angemalte Buchstaben:

*«Folge dem*
*Wer lernt*
*über Leben*
*GLEICH»*

Was mag das zu bedeuten haben? Die Schrift hat sich unauslöschlich in sein Gedächtnis geprägt. Jedes Mal, wenn er an das silberne Segel denkt, blinkt in seinem Kopf sofort das Bild von diesem Amulett mit den Metallbuchstaben auf.

Auf dem Uferweg kommt ihm ein Wanderer entgegen. Er trägt die schwarze Kluft eines Zimmermannsgesellen. Randolf spricht ihn an: «Weißt du, wie weit es noch bis zum Meer ist?»

Der Zimmermann betrachtet ihn abschätzig. «Kommt auf deine Ausdauer an. Wenn du kräftig marschierst, kannst du es in zwei Wochen schaffen.»

Zwei Wochen. Bevor der Fluss ins Meer mündet, wird er auf die große Hafenstadt Hamburg treffen. Wie viele Tage ist er nun schon unterwegs? Wie viele Stunden muss er am Tag gehen?

Ratsch! Ein Reißen, ein Schnitt, ein Schmerz auf der Wange. Randolf hat nicht auf den dünnen, langen Zweig geachtet, der sich quer über den Weg biegt. Die scharfen, harten Stacheln einer Dornenhecke haben sich in die Haut gehakt und zwei blutige Striemen in die Wange gerissen.

Randolf beißt die Zähne zusammen.

Im Flusswasser wäscht er die Wunden sauber und bestreicht sie nach dem Trocknen mit Spucke.

Er muss besser aufpassen, als er weitergeht. Auf den Weg achten! Vielleicht sollte er langsamer gehen.

Da vorne sind sogar Brennnesseln. Die hätte er doch glatt übersehen! Vorsichtig einen Bogen drum herum schlagen.

Ja, es ist dumm, so zu hasten. Warum will er unbedingt in genau zwei Wochen am Hafen sein? Wann er ankommt, ist doch völlig egal. Hauptsache heil und gesund.

Der Weg führt leicht bergab. Die Böschung wird flacher und flacher. Nun ist das Ufer kaum noch höher als der Wasserspiegel. Vor Randolf liegt eine lange, schlammige Fläche, die bis vor kurzem wohl noch überschwemmt gewesen ist, seit im April die Flüsse über die Ufer getreten waren.

Vorsichtig probiert Randolf aus, wie tief sein Füße in den Schlamm einsinken. Hm. Weiter vom Fluss weg! Dort ist der Boden ein bisschen fester.

Eine umgestürzte, tote Buche. Ein schlanker, gerade gewachsener Ast ist lang und stark genug für einen Wanderstab. Randolf bricht den Ast ab und schnitzt ihn sich zurecht.

Ja, so geht es besser. Der Stab gibt eine zusätzliche Stütze und zwingt zum langsameren Gehen. Wanderstab in den Boden stecken, linkes Bein, rechtes Bein ... Immer vorsichtig auftreten; im Schlamm könnten Dornen oder Scherben versteckt sein.

Auch als der Weg wieder fester wird und Randolf wieder näher am Wasser geht, bleibt er seinem gemächlichen Tempo treu. Man sieht so viel mehr, und das Gehen macht richtig Spaß, wenn man nicht blindlings drauflosjagt!

Ein verwachsener Baum streckt zwei Äste in Richtung Fluss wie verkrüppelte Arme mit krummen Spinnenfingern.

Wanderstab aufsetzen, linkes Bein, rechtes Bein. Wachsam sein.

Eine aufgeschreckte Wasserratte huscht aus einem Erdloch und lässt sich in den Fluss plumpsen.

Linkes Bein, wachsam sein, rechtes Bein, wachsam sein.

Weitergehen, wachsam sein. Weiterschreiten, weitergleiten, weiterreiten.

Der Rhythmus bildet ein Lied in seinem Kopf.

*Ich gleite übers Land. Und reite übers Meer …*

Weiter, weitergehen.

Endlos schlängelt sich der Fluss. Randolf hatte keine Ahnung, wohin die Schiffe fahren.

Ob es dieses Gefühl wirklich gibt, das er im Traum erlebt hat? Ein bisschen spürt er es schon. Frei und leicht sein, ohne etwas Schweres tragen zu müssen, einfach nur gehen …

*Dieses Gefühl, wie Flügel im Wind, muss es irgendwo geben.*
*Dieses Gefühl, wie Flügel im Wind, in der wirklichen Welt!*
*Dieses Gefühl, wie Flügel im Wind, wie ein silbernes Segel.*

*Dieses Gefühl, wie Flügel im Wind, es gibt nichts, was mich hält!*

Ein herrliches Gefühl, endlich wieder unterwegs zu sein! Abends, wenn die Sonne zu sinken beginnt, sucht Randolf sich ein Nachtlager.

8. Kapitel
# Der Dämon

Solange die beiden Goldstücke reichen, ist das Reisen angenehm. Ab und zu stößt Randolf am Wegrand auf Siedlungen oder auf Dörfer. Bei den Bewohnern und in Gasthöfen kann er Essen und Getränke kaufen, und in Regennächten gönnt er sich ein Bett. Liegt ein Dorf an der anderen Uferseite, bezahlt er einen Fährmann, der ihn hinüberrudert.

Das Wechselgeld verwahrt Randolf eingewickelt in Lillis Taschentuch, zu einem Säckchen verknotet, eingeklemmt in seinem Hosenbund. Der harte Batzen aus den vielen kleinen Münzen stört jedoch beim Gehen. Er drückt und reibt und scheuert, aber Randolf muss den Gürtel eng geschnallt tragen, sonst würde das Säckchen herausrutschen.

Auf dem Markt in einer kleinen Stadt kauft er einen kleinen Lederbeutel, den er sich mit einer Schnur fest an den Gürtel bindet. Was für eine Erleichterung beim Gehen! Nur wenn er unter Menschen kommt, schiebt er den Beutel wieder in den Hosenbund, damit ihn keiner sieht.

Zum Glück ist es auch nachts inzwischen schon so

warm, dass er sich keine Jacke kaufen muss. So wird das Geld länger reichen. Das Hemd, das er schon mehrmals flicken musste, genügt ihm.

Eines Abends ziehen sich am Himmel dunkle Regenwolken zusammen. Als es zu tröpfeln beginnt, erreicht Randolf eine Ortschaft. Er hat Glück: Am Ende der Dorfstraße gibt es ein kleines Gasthaus. Bis er es jedoch erreicht, ist er schon ziemlich nass geworden, denn plötzlich setzt heftiger Regen ein.

Es wird wohl ein Gewitter geben.

Die Gaststube liegt im Halbdunkel. Durch die beiden kleinen Fenster an den Wänden dringt kaum Licht, sie sind zu klein und zu schmutzig, und draußen ist es zu dunkel. Im Kamin glimmt ein heruntergebranntes Feuer und beleuchtet ein paar leere Tische aus rohem Holz, an denen leere Stühle stehen.

«Hallo? Ist hier jemand?»

Er hört nur einen rumpelnden Donner von draußen. Das Gewitter ist losgebrochen. Prasselnd klatscht der Regen gegen die Fensterscheiben.

Hinter dem Schanktisch steht eine Tür halb offen. Sie führt in einen dunklen Flur. Schemenhaft ist eine Treppe zu erkennen. Als Randolf zur Tür geht, ruft ihn plötzlich von hinten eine Stimme an: «Das würde ich lieber lassen. Wenn Grete sich gestört fühlt, kann sie wütend werden. Und das ist bei Grete kein Vergnügen!»

Ein krachender Donner, der die Luft zum Zittern bringt. Das Gewitter steht direkt über dem Haus.

Randolf dreht sich um. Auf einer Bank, die am dunklen Ende der Wand steht, richtet sich eine liegende Gestalt auf. Verstrubbelte Haare. Das Gesicht kann Randolf nur undeutlich erkennen. Ein gebeugter Arm stützt sich auf ein Reisebündel. «Grete hat oben zu tun. Sie will bestimmt nicht gestört werden. Es sei denn, du bist am Verdursten und kannst nicht mehr abwarten ...» Die Stimme klingt munter und freundlich.

«Nein, so eilig hab ich's nicht.»

«Grete wird schon kommen. Sie packt ein paar wichtige Dinge in eine Kiste. Falls der Blitz einschlägt und das Haus abbrennt.» Der junge Mann schwingt sich zum Sitzen hoch. «Hast du Angst, dass der Blitz einschlägt?»

«Darüber habe ich noch nicht nachgedacht.» Unschlüssig steht Randolf im Raum. Soll er sich am Kaminfeuer aufwärmen, oder will er das Gesicht von diesem Kauz sehen und sich zu ihm setzen?

«Grete ist zwar eine Kratzbürste, ein Biest – aber sie fürchtet sich vor Blitzen.» Der Fremde schaut Randolf prüfend an. «Du bist ja tropfnass!», ruft er und steht auf. «Ich werfe noch ein Scheit ins Feuer, dann kannst du's dir gemütlich machen.»

Kann er seine Gedanken lesen?, überlegt Randolf. Er schiebt einen Stuhl an den Kamin und lehnt sich darin zurück.

Draußen tobt das Gewitter. Es kracht und donnert und blitzt, und der heulende Wind peitscht den Regen wie Sturzbäche gegen die Fenster.

Hier drinnen ist es warm und gemütlich. Das Holz

ist sehr trocken, es fängt sofort Feuer. Spitze Flammen züngeln empor.

Der Fremde zieht einen zweiten Stuhl vor den Kamin und setzt sich neben Randolf. Vom Tisch hat er eine halb volle Flasche Rotwein und einen Becher mitgebracht. Er hat ein junges Gesicht mit einem knochigen Schädel und einem blonden Bartflaum am Kinn. Seine Augen funkeln im Widerschein des Feuers. Er mag ein paar Jahre älter sein als Randolf und trägt eine derbe, speckige Arbeitskleidung. «Magst du auch einen Schluck?» Er hält Randolf den vollen Becher hin.

«Nein danke, keinen Rotwein.»

Der Fremde zuckt mit den Schultern und schlürft genießerisch seinen Wein alleine. «Schon lange unterwegs?», fragt er.

«Mhm. Und selbst?»

«Noch ein paar Monate, dann sind meine drei Jahre vorbei.»

Ein Geselle auf Wanderschaft also. Auf seiner linken Wange hat er einen dunkelroten Farbklecks. Verstohlen mustert Randolf die Arbeitskluft. Jacke und Hose und Stiefel sind aus dickem, hartem Leder.

«Ich bin Schmied», gibt der Fremde freimütig Auskunft. «Und du?»

Randolf lacht. «Das weiß ich selber nicht genau. Ich kann ein bisschen nähen. Und mit Tieren sprechen.»

«Sie verstehen dich? Das funktioniert?» Neugierig rückt der junge Schmied ein Stück näher heran. Der rote Abdruck auf seiner Wange ist kein Farbklecks, sondern eine aufgeplatzte Brandblase, die offenbar schlecht verheilt. «Und was erzählen sie dir, die Tiere?»

«Na ja – das sollte ein Scherz sein.» Randolf hat plötzlich keine Lust mehr, darüber zu sprechen; es kommt ihm selbst wie etwas Erfundenes oder Geträumtes vor.

Ein neues Krachen. Der Donner klingt schon nicht mehr ganz so laut. Das Gewitter zieht weiter.

Randolf gähnt. Es tut gut, einfach am Feuer zu sitzen und mit einem Menschen zu plaudern. «Wie ist es als Schmied? Findest du überall Arbeit?»

Der Fremde spuckt auf seine Fingerspitzen und verreibt die Spucke auf der Brandwunde. «Wir haben Krieg. Und ich bin Waffenschmied.» Er zückt aus seinem Gürtel ein langes Messer mit einer gebogenen Klinge. «So was ist meine Spezialität. Ein Dolch. Fühl mal, wie er in der Hand liegt!» Er drückt Randolf das Messer in die Hand. «Die Leute sind verrückt nach Waffen. In jedem Ort würde man mich am liebsten gleich dabehalten. Ich kann mir aussuchen, wo ich leben möchte und wie lange ich bleiben will ...»

Der Griff fühlt sich kühl an. Randolf ist noch nie der Gedanke gekommen, dass der Krieg für irgendwelche Menschen vorteilhaft sein könnte. Und hier sitzt nun ein Waffenschmied und freut sich, dass sein Geschäft so gut läuft. «Der Griff – ist das massives Silber?»

«Und ob. Silber ist sehr gefragt in letzter Zeit.»

«Wer braucht silberne Waffen?»

«Ein Silberknauf am Schwert lässt sich schwerer stehlen als ein Geldbeutel. Neulich fragte mich ein verrückter Kapitän, ob ich ihm eine ganze Schiffsladung Silber einschmelzen würde, wenn er's mir bringt. Muss ein sagenhafter Schatz sein, hinter dem er her ist. Andere wollen eine Schwertscheide aus Silber ...»

«Mir reicht mein Schneidermesser», sagt Randolf und gibt den Dolch zurück.

Der Schmied steckt ihn in die Gürteltasche. «Was für ein Schneidermesser? Darf ich mal sehen?»

Randolf zieht es hervor. «Wenn du bei jedem Schmied ein Dach über den Kopf bekommst – warum mietest du dich dann in einem Gasthof ein, wo du bezahlen musst?»

Der Waffenschmied antwortet nicht. Er interessiert sich nur für das Messer. Fachmännisch wiegt er es in der Hand, schließt kurz die Augen dabei, dann prüft er die Klinge. «Nicht schlecht. Gute Arbeit. Schon einige Jahre alt, aber tadellos stabil und scharf. Ja, damit bist du gut bedient.» Er nickt anerkennend, als Randolf sein Messer wieder einsteckt.

Das Plätschern an den Scheiben lässt nach, und der Donner klingt nun schon ein ganzes Stück weit entfernt.

Plötzlich von hinten eine Frauenstimme: «Haben wir nochmal Glück gehabt!» Das Kaminfeuer hatte so laut geknistert, dass Randolf keine Schritte auf der Treppe gehört hat. «Nur ein kurzes Gewitter. Kein Blitz – oh! Ein neuer Gast!»

Aus der Tür hinter dem Schanktisch ist eine Frau gekommen. Offenbar die Wirtin.

Eine große, kräftige Frau. Resolut streicht sie sich mit

der ganzen Hand eine Haarsträhne aus der Stirn, wischt die Hand an der Schürze ab und fragt geschäftig: «Ein Bier? Oder Wein? Wenn Ihr hungrig seid, habt Ihr Glück gehabt. Bei uns gibt's heute Hammelbraten – so was hat man nicht alle Tage.»

Sie fragt gar nicht, ob er Geld hat, wundert sich Randolf. Da fällt ihm auf, dass er seinen Geldbeutel deutlich sichtbar am Gürtel trägt. Wegen des plötzlichen Regens hatte er vergessen, ihn in den Hosenbund zu stecken. Nun ist es zu spät.

Hatte deshalb der Schmied nach Randolfs Messer gefragt? Um sich zum Geldbeutel zu beugen und ihn genauer zu betrachten?

Der Schmied greift lässig in den Holzhaufen neben dem Kamin und wirft ein neues Stück Holz ins Feuer. «Der Hammelbraten ist gut. Sehr zu empfehlen.»

«Ja, etwas zu essen wäre nicht schlecht. Und ein Krug Bier.»

«Und für mich noch eine Flasche von dem Roten!»

Die Wirtin nickt und verschwindet in der Küche.

Der Schmied grinst. «Du hast sie gesehen. Damit ist deine Frage beantwortet: Ich komme wegen Grete hierher. Aber ich muss nicht bezahlen. Grete ist ein sehr anschmiegsames Mädchen – auch wenn sie Haare auf den Zähnen hat.»

Draußen, in der Dunkelheit, weht ein kräftiger Wind. Windstöße treiben und peitschen zuweilen ganze Regenschwaden gegen die kleinen Fensterscheiben, dass es prasselt.

Randolf und der Waffenschmied Guntram sitzen am Feuer und erzählen sich, was sie erlebt haben. Geschichten von ihren Reisen. Guntram, stellt sich heraus, hat mal einen Menschen getötet. Einen Wegelagerer, der ihn ausrauben wollte und der nicht mit Guntrams spitzem Dolch gerechnet hatte.

«Wenn die Wut mich packt, dann hau ich alles zu Klump», sagt Guntram, «das war schon immer so bei mir. Aber um diesen Mistkerl war es nicht schade.» Er spuckt ins Feuer. «Er wollte mein Geld; das hat er nun davon. An dem Tag war mein Geldbeutel ganz besonders prall gefüllt – sogar Dublonen waren dabei!»

«Dublonen?», fragt Randolf. Das Wort hat er noch nie gehört.

Der Waffenschmied nickt. «Gute dicke, harte Goldmünzen. Ich war so wütend, dass ich den Kerl abgeschlachtet hab wie ein Schwein.»

Eine Bewegung im Raum: Grete bringt den Hammelbraten. Sie stellt einen dampfenden Teller und einen Bierkrug auf einen der dunklen Tische und zündet die dicke Kerze an, die auf dem Tisch steht.

Randolf setzt sich zum Essen an den Tisch. Guntram bleibt am Kaminfeuer sitzen. Grete stellt ihm die neue Rotweinflasche hin, und er schenkt sich ein frisches Glas ein. Von hinten gesehen, gegen das flackernde Licht der Flammen im Kamin, sieht er aus wie ein schwarzes Schattenwesen vor einem rot und gelb leuchtenden Hintergrund.

«Ich bin müde und geh schlafen», verkündet Grete. Sie

fragt Guntram: «Zeigst du unserem Gast das Zimmer, wenn er zu Bett gehen will?»

Guntram, ohne den Kopf nach ihr umzudrehen, murmelt eine brummelnde Antwort, die in etwa so klingt wie «Wawischin Kormung, tjas Marfich».

Das könnte heißen: «Ja, ist in Ordnung, das mach ich.» Genauso gut aber auch: «Klar wisch ich sorgsam das Blut ab.» Oder: «Ja, den ermord ich, das schaff ich.»

Grete verschwindet durch die Tür.

Was hat Guntram da wohl wirklich genuschelt?, überlegt Randolf beim Essen.

Ein schabendes, schirrendes Geräusch schreckt ihn auf. Die schwarze Figur des Waffenschmieds vor dem Feuer schärft seinen langen Dolch mit einem Wetzstein. Was hat er vor? Warum ist ihm der Dolch nicht scharf genug?

Das züngelnde, flackernde Licht hat die Augen getäuscht.

Er wetzt nicht.

Guntram schnitzt etwas.

Er schneidet Späne ab von einem dünnen, länglichen Stück Blech, deutlich sind die abgeschnittenen Teile zu sehen, die auf den Boden rieseln.

Durch Ritzen und Fugen pfeift der kalte Wind, der draußen immer noch ums Haus heult. Randolf setzt sich nach dem Essen wieder zum Aufwärmen vor das Kaminfeuer. Seine Augen schielen zu dem schmalen, dünnen Werkstück, das der Waffenschmied mit seinem Messer bearbeitet. «Ist das Kupferblech?»

Guntram nickt. «Manchmal bastle ich einfach was, nur so zum Spaß. Kleine Dosen oder auch Schmuck. Dies soll ein Medaillon werden, zum Umhängen an einer Halskette.»

Randolf lehnt sich im Stuhl zurück und schaut in die Flammen.

«Ich hab einen Schnaps verdient.» Guntram ist aufgestanden. «Willst du auch noch was trinken?»

Randolf schüttelt den Kopf. «Ich habe genug.»

Der Waffenschmied holt hinter dem Schanktisch eine bauchige Flasche hervor.

Dann schnitzt er weiter an seinem Stück Kupferblech und trinkt von Zeit zu Zeit ein Schlückchen Schnaps und einen Schluck Wein.

Das Feuer bildet fließende Flammengestalten, es malt Bilder, die sich ständig verwandeln. Auch ein dicker Holzklotz, der schon seit geraumer Weile in der Glut liegt, hat jetzt Feuer gefangen.

Plötzlich ein Stechen in Randolfs Nacken. An der linken Seite. Aufgeschreckt, fegt Randolf mit der Hand über die Stelle und schlägt ein Insekt davon, eine dicke, schwirrende Bremse.

Heftig und erschreckend steht ihm sofort der Traumfetzen wieder vor Augen, der ihn vor Monaten aus dem Schlaf gerissen hatte: Etwas unbeschreiblich Böses flattert von hinten heran, ein böses Schnabeltier, blitzschnell hat es schon in die linke Seite des Nackens gestochen. Etwas unbeschreiblich Böses.

Randolf befühlt die Stelle links hinten am Nacken.

Genau dort, wo das Traumtier in seinen Körper gestochen hat, brennt nun ein stechender Schmerz.

Das war eine Warnung, denkt Randolf. Er muss auf der Hut sein.

Guntram lacht. Er hat die Bremse erwischt und zerquetscht, als sie in Richtung Feuer flog. «Reib Spucke drauf, dann vergeht das ganz schnell.»

Ob er Guntram bitten soll, ihm seinen Schlafplatz zu zeigen? Ist es sicher, jetzt schon zu Bett zu gehen? Wenn er ihn im Schlaf ausrauben will … Womöglich schneidet er ihm die Gurgel durch. Wie dem Wegelagerer, den er getötet hat.

Randolf will lieber warten, bis Guntram so betrunken und müde ist, dass er selber einschläft.

Was für tanzende Gestalten sich da im Kamin tummeln! Spitze Feuerzungen, die flackernd am Brennholz lecken und zuckende Formen bilden.

«Wartet auf dich zu Hause eine Familie?», fragt der Waffenschmied. Mit seinem Messer hackt er einen Metallspan ab, der beim Fallen das Licht des Feuers spiegelt und blinkend zu Boden fällt.

Randolf stutzt. Warum erkundigt er sich nach seiner Familie? Will er wissen, ob ihn jemand vermissen würde, wenn er ihn aus dem Weg geräumt hat?

Aufs Geratewohl sagt er: «Ja, ich treffe mich morgen früh mit meinem großen Bruder – der hat im Nachbardorf zu tun.» Es klingt nicht besonders überzeugend.

«Im Nachbardorf. Aha. In welchem denn?»

Zum Glück kann er bei dem Feuerschein nicht sehen,

dass Randolf das Blut heiß ins Gesicht schießt. «Äh … wie das Dorf heißt, weiß ich nicht. Er sagte, er holt mich morgen hier ab.»

Guntram sieht ihn abschätzig von der Seite an. Im flackernden Licht des Feuers treten die knochigen Wülste über seinen Augen besonders stark hervor. Oder sind sie tatsächlich geschwollen? Auch die Augen sehen anders aus. Sie haben ein Glitzern bekommen, das vorhin noch nicht da war. Ein verschlagenes, hinterhältiges Glitzern.

Randolf versucht, ein munteres Lied zu pfeifen, aber er kann sich nicht recht an die Melodie erinnern und bricht wieder ab.

Guntrams Messer kratzt und schabt. Um das Haus heult der Wind.

Ob vielleicht noch ein später Wanderer oder ein Reiter kommt, um sich hier aufzuwärmen? Dann wäre er nicht allein mit diesem Fremden und seinem langen, scharfen Messer.

Die aufgeplatzte Brandblase auf der Wange des Waffenschmieds pulsiert im Widerschein der Flammen und scheint rot zu glühen.

Randolf erschrickt unwillkürlich und ist für eine Sekunde wie gelähmt.

Der Mann, der neben ihm am Feuer sitzt, hat überhaupt keine Ähnlichkeit mehr mit Guntram. Das Gesicht hat sich zu einer kantigen, verzerrten Fratze verformt. Als sei etwas Fremdes in ihn gefahren und hätte von ihm Besitz ergriffen. Ein Dämon. Mit einer Waffe in der Hand.

Schlagartig weiß Randolf: Nur Ruhe und Klarheit können jetzt helfen. Er zwingt sich, tief und gleichmäßig zu atmen. Bildet er sich das alles womöglich nur ein? Das flackernde Licht, die flackernden Schatten … Nein. Er ist sich sicher: Guntram ist tatsächlich verändert. Verwandelt. Ein anderer.

Wenn er Angst bekommt, ist er verloren.

Der Dämon stimmt grölend ein Lied an. Ein brutales Soldatenlied: «Wir schlagen euch die Schädel ein, wir trinken euer Blut wie Wein …» Das Messer blinkt und blitzt im Feuerschein.

Nicht hinschauen!, denkt Randolf. Er darf nicht in seinen Bann geraten.

An etwas Schönes denken! Aber was?

Er atmet, so ruhig er kann, und schaut in den Kamin.

In seinem Kopf tost und rast es wie der Sturm draußen vor der Tür. Und diese Geräusche um ihn herum! Waren die schon die ganze Zeit da? Hatte er sie nur überhört? Hier ein Knacken, dort ein Knarren. Es rauscht und pfeift und klappert und klopft …

Aus einem Holzscheit wächst eine gleißend helle Feuerzunge. Das grelle Licht ist beinahe weiß. So weiß und hell wie … Randolf muss unwillkürlich an das Traumbild vom silbernen Segel denken.

Von einem Augenblick zum anderen fühlt er sich wie durchströmt von einer ruhigen Kraft.

Und plötzlich weiß er, was zu tun ist. Den Dämon besänftigen! Gleichmütig beginnt er zu sprechen: «Von einem Gaukler hab ich eine seltsame Geschichte gehört.

Noch sind die Herzen der Menschen dunkel vor Angst, sagt er, aber eines Tages wird jemand es schaffen, das silberne Segel zu reiten.»

Verblüfft hat der Waffenschmied seinen Gesang abgebrochen und schaut Randolf an.

«Noch sind die Herzen der Menschen dunkel vor Angst, aber eines Tages wird der Krieg vorbei sein. Dann sind wir nicht mehr unser Leben lang auf der Flucht, sondern alle können sorglos leben. Auch Waffenschmiede, die im Krieg Geld verdient haben, können sich dann ein schönes Haus bauen und müssen keine Angst mehr vor Plünderern haben.»

Der Dämon hat ihm zugehört, seine Züge glätten sich. Aber noch immer ist da dieses verschlagene Glitzern in seinem Blick.

Randolf weiß plötzlich, wo er so ein Metallstück schon einmal gesehen hat, wie es der Waffenschmied bearbeitet. Das Amulett aus seinem Traum, mit dem seltsamen Rätselspruch, war aus solch einem Kupferblech gefertigt.

Wie beiläufig fragt er: «Hast du eigentlich einen kleinen Werkzeughammer, mit dem du in das Metall eine Schrift prägen kannst?»

«Schrift? Na klar kann ich das.»

«Dann habe ich einen Auftrag für dich. Ich will ihn dir auch bezahlen. Ich brauche ein Amulett mit einer ganz bestimmten Inschrift.»

«Mal sehen. Mach ich vielleicht morgen.»

«Nein, ich brauche es noch heute Abend, morgen reise ich schon sehr früh ab. Fang am besten gleich an.»

Das Unglaubliche geschieht: Der Dämon steht auf und holt Werkzeug aus seinem Reisebündel.

Er gehorcht, stellt Randolf verblüfft fest. Er hat ihm einen Befehl gegeben, und der Dämon gehorcht! Es ist wie damals mit dem knackenden Tier.

Mit Kreide malt er auf einen Tisch, wie das Amulett geformt sein muss. Es soll genau so aussehen, wie er es in seinem Traum gesehen hat.

Der Waffenschmied hat sich einen kleinen Tisch herangezogen, auf dem er nun das Metall bearbeitet. Seine Gesichtszüge entspannen sich. Es ist, als ob der Dämon aus ihm geflohen ist und sich der Waffenschmied wieder in den Guntram zurückverwandelt, den Randolf zu Anfang kennen gelernt hat. Auch die Brandblase auf seiner Wange glüht und pulsiert nicht mehr, es ist eine ganz normale Wunde, die verheilt.

Buchstabe um Buchstabe hämmert und prägt Guntram die Schrift ins Metall, die Randolf ihm aufgeschrieben hat:

*«Folge dem*
*Wer lernt*
*über Leben*
*GLEICH.»*

«Warum willst du so einen komischen Spruch drauf haben? Das versteht doch kein Mensch!»

«Es ist ein Rätsel», sagt Randolf. «Ich möchte es eines Tages lösen.»

«So was Ähnliches hatte auch dieser verrückte Kapitän gesagt, von dem ich dir erzählt hab.»

«Der mit der Schiffsladung Silber?»

«Der hat sich fast genau so ’n Ding bei mir bestellt.»

«Auch ein Amulett aus Kupferblech?»

Guntram nickt. «Sogar die Buchstaben sahen so ähnlich aus. Das ganze verdammte Ding wollte er fast genau so haben wie du deins. Nur der Spruch war anders.»

Sagte der Waffenschmied die Wahrheit? War es zu glauben, dass ein fremder Kapitän sich ein Amulett anfertigen ließ, das genauso aussah wie das in Randolfs Traum? Aber warum sollte Guntram sich eine so unwahrscheinliche Geschichte ausdenken?

«Wie hieß der Spruch, den du ihm draufgeschrieben hast?»

«Das war auch so ’n wirres Zeug. Hab ich nicht behalten. Aber genau wie du hat er gesagt, das ist ein Rätsel, und er will es lösen.»

«Hat er einen Namen hinterlassen? Oder eine Adresse?»

«Nein, er wartete auf sein Amulett wie du, und er guckte mir beim Arbeiten genau auf die Finger. Er hatte die gleichen Vorstellungen wie du – darum fällt mir dein Auftrag ja auch nicht schwer.»

«Wie lange ist das her?»

«Ein, zwei Monate. Ich war gerade in Glückstadt, das ist ’ne Hafenstadt an der Elbe, kurz hinter Hamburg.»

«Und wie sah er aus, dieser Kapitän?»

«Ein großer, ziemlich klobiger Kerl. Ob er ein richtiger Kapitän ist, weiß ich nicht. Er trug seine Uniform, als hätte er sie sich geliehen … wie einer, der sich verkleidet hat, weißt du? Wie einer, der normalerweise in ganz anderen Kleidern rumläuft. Er hatte etwas Wildes, Raues an sich – trotzdem trat er auf wie jemand, der es gewohnt ist, Befehle zu geben.»

«Hat er gesagt, wohin er wollte?»

«Nein, über sich hat er überhaupt nichts erzählt. Hat nur über das Amulett geredet. Die meiste Zeit wartete und schwieg er.»

«Überleg nochmal! Wie lautete sein Spruch?»

«Die Worte ‹Mut› und ‹Tod› kamen drin vor, das weiß ich noch. Und wie bei dir sollte ich ein Wort in Großbuchstaben schreiben.»

«Mut und Tod?», murmelt Randolf.

«Mehr weiß ich beim besten Willen nicht.» Guntram zuckt die Schultern, als wolle er sich dafür entschuldigen. Dann hellt sich sein Gesicht auf: «Eine Sache war mir noch aufgefallen an dem Kapitän: Er humpelte. Am rechten Fuß trug er einen Schuh, der schwerer war als der andere. Als sei er aus Eisen.»

«Ein Eisenschuh?»

«Vielleicht eine Art Manschette, um einen kaputten Fuß zu stützen.»

Es ist tiefe Nacht, als Guntram ihm das fertige Amulett in die Hand legt. «Hast du es dir so vorgestellt?»

«Ja, genau so sollte es sein.» Es ist verblüffend: Das

Amulett sieht wirklich genau so aus, wie er es im Traum gesehen hat.

«Und oben ein Loch für die Kette oder Schnur. Ich glaub, ich hab noch einen Lederstreifen ...» Der Waffenschmied wühlt in seinem Bündel.

Das Haus ist ruhiger geworden. Der Wind hat sich gelegt und rüttelt nicht mehr an den Fensterläden.

Als Randolf sich das Amulett an der Lederschnur um den Hals gehängt und unter sein Hemd gesteckt hat, greift er nach seinem Geldbeutel. «Wie viel bin ich dir schuldig?»

Guntram wehrt ab. «Lass mal.» Er schenkt sich etwas Schnaps in den Becher, trinkt und schüttelt sich dann.

Randolf kann es kaum fassen. «Du willst kein Geld haben für diese vielen Stunden Arbeit?»

«Ich schenk es dir gerne.» Guntram lächelt ihn an. Da ist nichts Hinterhältiges mehr, der Blick ist ohne Arg.

Er und Randolf sagen sich als Freunde gute Nacht, als Guntram ihn zu seiner Kammer geführt hat.

Am nächsten Morgen, beim Frühstück, sagt Randolf ihm auf den Kopf zu: «Gestern Nacht habe ich einen Dämon gesehen, der von dir Besitz ergriffen hatte.»

Anstatt zu lachen, nickt Guntram nur sehr ernst und legt den Kanten Brot beiseite, an dem er gekaut hat. «Das geht schon so seit meiner Kindheit. Manchmal werde ich von ihm gepackt und weiß nicht mehr, was ich tue. Anfälle von Zerstörungswut. Darum haben mich damals meine Eltern davongejagt. Ich hatte das ganze Haus in Brand gesteckt. Dir ist es gelungen, den Dämon zu vertreiben. Darum wollte ich dir das Amulett schenken.»

«Und wenn ich es nicht geschafft hätte?»

Er senkt den Blick und lacht unbeholfen. «Es wäre alles möglich gewesen. Ist ja vorbei.» Dann greift er wieder nach seinem Stück Brot. «Wann holt dein großer Bruder dich ab?»

«Ich hatte nie einen Bruder. Meine Eltern und meine Schwester wurden von plündernden Soldaten getötet.»

Sie schauen sich schweigend an.

Beim Abschied sagt Guntram: «Wenn mir der Spruch von diesem Kapitän wieder einfallen sollte – wo kann ich dich finden?»

«Ich gehe nach Glückstadt.»

Guntram schaut ihn überrascht an. «Ist dir dieser Kapitän so wichtig?»

«Er ist vielleicht der einzige Mensch, der den gleichen Traum gehabt hat wie ich. So jemand interessiert mich. Ist es weit nach Glückstadt?»

«Von Hamburg sind es nur noch zwei Tagesreisen. Guten Weg!»

## 9. Kapitel

# Nicht aufgepasst

Es ist ein völlig neues Gehen nach dem Erlebnis dieser Nacht. Die Maisonne hat schon Kraft, rasch sind die letzten Regentropfen des Unwetters getrocknet. So frei, so beschwingt hat Randolf sich auf seiner ganzen Reise noch nicht gefühlt. Ob dieses Amulett ein Glücksbringer ist?

Er setzt sich auf das Gras der Uferböschung und zieht das Amulett unter seinem Hemd hervor. Ein Bild aus einem Traum, das Wirklichkeit geworden ist. Er kann es sehen und anfassen. Warum ist ihm dieses seltsame Ding im Traum gezeigt worden? Was bedeutet es?

*«Folge dem Wer lernt über Leben GLEICH»*

Und wenn es nur dazu diente, den Dämon zu vertreiben! Die Idee, das Ding herstellen zu lassen, hat sie beide gerettet – Guntram und ihn.

Aber wie kann es sein, dass dazu ein Gegenstück besteht – mit den Worten «Mut» und «Tod»? Wie kann ein fremder Kapitän fast genau dasselbe geträumt haben wie Randolf?

Er hängt das Amulett wieder unters Hemd und wandert weiter.

Er ist in einer abgelegenen Gegend gelandet, die vom Krieg noch verschont geblieben ist.

In einem Dorf wird Markt abgehalten. Bauern, Händler und Handwerker aus der Umgebung verkaufen, was sie anzubieten haben. Das muntere Lärmen und das bunte Treiben locken Randolf. Er hat richtig Lust, mal wieder unter Menschen zu gehen, er möchte das überstandene Abenteuer der letzten Nacht feiern.

Er schlendert mit der Menschenmenge zwischen den Buden und Verkaufsständen entlang.

Marktschreier preisen Töpfe und Teller an, hier wird Kleidung angeboten, dort Gemüse, Küchengeräte, eine Unzahl von lebenden Tieren in allen Größen und Formen – Randolf weiß nicht recht, was er sucht, er bummelt aufs Geratewohl kreuz und quer über den Marktplatz.

«Guck mal, die Hose! Von einem Wolf!», hört er dicht hinter sich eine weibliche Stimme tuscheln, und er dreht sich unwillkürlich um.

Zwei junge Frauen lachen ihn an. Sie stehen im Gedrängel vor einem Brunnen und trinken Wasser aus einem Holzbecher.

«Die Hose hab ich vorhin an einem Stand dort drüben gekauft», sagt Randolf, «die bieten Wolfsfellhosen in allen Größen an, auch für Damen.» Er weiß nicht, was in ihn gefahren ist, dass er so unbefangen drauflosplaudert. Es muss an der Sonne liegen oder am Amulett oder an der Erleichterung über den glimpflichen Ausgang des Abenteuers von letzter Nacht.

Die Freundinnen kichern. Dann sagt die Kleinere,

die mit den roten Haaren: «Solche Hosen gibt's nicht zu kaufen. Glaub ich nicht.»

Randolf lächelt. Er deutet eine kleine Verbeugung an: «Ganz recht. Es sollte ein kleiner Scherz sein.»

Das größere Mädchen, die Schwarzhaarige, stößt ihre Freundin in die Rippen: «Ein Kavalier, der so viel Geld hat, dass er sich teure Fellhosen kauft, kann uns vielleicht auf ein Glas Most einladen.»

Randolf überlegt kurz, was das kosten würde, und nickt kurz entschlossen: «Da vorne hab ich einen Getränkestand gesehen.»

«Wir müssen doch eigentlich einkaufen ...», sagt die Rothaarige.

Die andere wischt den Einwand beiseite: «Bei diesem warmen Wetter muss Zeit sein für einen kleinen kühlen Becher. Die Einkäufe laufen nicht weg.»

An einem Stehtisch vor dem Getränkeausschank bestellt Randolf drei Becher Apfelmost. Vor der Bude ist ein Kommen und Gehen. Randolf und die Mädchen trinken im Stehen und müssen ab und zu ihre Becher hoch halten, um nichts zu verschütten, wenn unachtsame Drängler sich zu nah an sie herandrücken.

Die beiden Freundinnen sind Dienstmädchen im Haus einer reichen Familie. Sie erzählen, dass sie heute eine Menge Einkäufe erledigen müssen: Ein großes, glänzendes Fest, das ihre Herrschaft geben wird, fordert schon seit Tagen viele Vorbereitungen.

Randolf hört amüsiert zu. Besonders die kleine Rothaarige kann anschaulich und lebendig erzählen.

«Gibt es wenigstens an diesem Ort tapfere Männer, die es versuchen wollen?», ruft ein alter Mann mit weißem Bart und Pilgertracht aus hellem Stoff. Dann sagt er etwas, was Randolf aufhorchen lässt: «Es könnte das ewige Licht in die ganze Welt spiegeln – wenn sich endlich einer auf den Weg machen würde!»

Es spiegelt das ewige Licht? Meint der Pilger etwa das silberne Segel? Schon ist der alte Mann weitergegangen.

Randolf stellt hastig seinen Becher ab und will ihm hinterher.

«Halt! Wohin? Ihr habt uns eingeladen!» Die Schwarzhaarige hält ihn am Ärmel zurück.

«Ich komm ja gleich wieder», ruft Randolf und reißt sich los. Ungeduldig hält er Ausschau im Getümmel, er will den Pilger nicht aus den Augen verlieren.

«Jaja, das kennen wir! Sich vor dem Bezahlen drücken!»

«Schon gut, schon gut! – Zahlen, bitte!», ruft Randolf zum Wirt und greift nach seinem Geldbeutel.

Er wird blass. Wie kann das –?

Weg! Der Geldbeutel ist weg!

Am Gürtel hängt nur noch ein abgeschnittener Rest der Lederschnur.

Sein Herz fängt an zu pochen. Hatte er den Beutel nicht in den Hosenbund gesteckt? Etwas würgt in seinem Hals.

«Krieg ich nun mein Geld oder nicht?», fragt der Wirt drohend.

«Mein Geldbeutel ...», sagt Randolf mit rauer Stimme. Das Pochen ist stärker geworden, mit einem Schlag trifft ihn die Wucht des Entsetzens. «Man hat mir den Geldbeutel gestohlen ...», bringt er mühsam hervor. Beinahe versagt die Stimme ihren Dienst. Er weiß, was es bedeutet, kein Geld mehr zu haben. Hilflos zeigt er den jämmerlichen Stummel der Lederschnur am Gürtel.

«Das ist ja wohl die Höhe!», kreischt die Schwarzhaarige. «Er lädt uns ein und hat nicht mal Geld! Jetzt sollen wir womöglich bezahlen – das kommt überhaupt nicht in Frage! Er hat uns eingeladen, Herr Wirt, wir hätten gar nichts trinken wollen, er hat uns überredet! Von unserem Einkaufsgeld darf nichts fehlen, sonst macht uns die Herrschaft die Hölle heiß ...» Ihre Stimme überschlägt sich fast. Mehr und mehr Leute sind stehen geblieben und hören zu.

Randolf ruft: «Der Dieb muss einer von denen gewesen sein, die mich angerempelt haben – Ihr standet doch genau vor mir, Ihr habt die Leute gesehen –, wie sahen sie aus, was hatten sie an?»

Die Schwarzhaarige lässt sich nicht bremsen. «Das ist ein ganz gemeiner Lump!», ruft sie anklagend und zeigt mit ausgestrecktem Arm auf Randolf. «Er hat uns aushorchen wollen über das Fest morgen, das unsere Herrschaft gibt – womöglich will er sich dort einschleichen und stehlen –, darum hat er sich bei uns eingeschmeichelt! Und jetzt sollen wir auch noch seine Zeche zahlen?»

«Ihr müsst mir helfen, den Dieb zu suchen!», ruft Randolf mit zitternder Stimme. «Er kann noch nicht weit sein –»

«Das haben wir gerne», schneidet ihm der Wirt das Wort ab. «Selbst betrügen und dann rufen: ‹Haltet den Dieb!› – Solche Früchtchen kennen wir.» Er packt Randolf am Arm und ruft: «Wache!»

«Warum glaubt Ihr mir denn nicht?», ruft Randolf den Umstehenden zu. Ihm begegnet der Blick der kleinen Rothaarigen. In ihren Augen liest er Zweifel und Mitgefühl.

Ein Wachtposten mit Lanze und Helm bahnt sich einen Weg durch die Menge.

«Ich bezahle den Most», sagt die Rothaarige plötzlich, «ich glaube ihm. Wie viel sind wir schuldig?»

Verblüfft lässt der Wirt sich die Münzen in die Hand zählen.

«Bist du verrückt?», zischt die Schwarzhaarige. «Ich hab nichts damit zu tun, das ist ganz und gar deine Sache!»

Der Wachtposten hat sich vor Randolf und dem Wirt aufgepflanzt. «Was ist hier los?»

«Hat sich erledigt», brummt der Wirt.

«Mir wurde mein Geld gestohlen!», ruft Randolf. «Und der Wirt ließ mich nicht nach dem Dieb suchen …»

Der Wachtposten mustert ihn von oben bis unten und zeigt deutlich, dass ihm sehr missfällt, was er da sieht. Randolfs ungekämmte Haarmähne, das geflickte, schmutzige Hemd, die Wolfsfellhose und die nackten Füße. – «Du siehst nicht so aus, als sei dein Geldbeutel besonders schwer gewesen.»

«Es war genug zum Überleben. Der Dieb ist bestimmt noch in der Nähe!»

«Soll ich etwa deinetwegen jeden einzelnen Marktbesucher überprüfen? Wegen deiner paar Groschen?»

«Das Mädchen, das meine Zeche bezahlt hat – sie kann den Dieb vielleicht beschreiben …» Seine Augen suchen die kleine Rothaarige, aber beide Dienstmädchen sind im Getümmel verschwunden. Randolf hat sich nicht mal bei ihr bedanken können …

«Auf sein Geld muss man eben aufpassen», sagt der Wachtposten. «So, und jetzt lunger hier nicht weiter rum! Ich hab ein Auge auf dich! Wehe, wenn ich dich hier heute nochmal antreffe!» Er geht mit straffen Schritten davon.

Weggejagt wie ein geprügelter Hund. Auch der Pilger ist nirgendwo mehr zu sehen, so angestrengt Randolfs Augen auch über die Menschenmenge irren. Keine Spur mehr von dem weißen Gewand.

Seine Füße fühlen sich an, als wären sie aus Blei. Als er sich umschaut, blickt er in die Augen des Wachtpostens. Der ist stehen geblieben, will wohl sichergehen, dass Randolf wirklich verschwindet.

Wieder als Bettler leben, dröhnt es in seinem Kopf. Das Ganze wieder von vorn! Er war so sicher gewesen, dass sein Geld bis Hamburg reichen würde …

Mit wütenden Schritten lässt er den Marktflecken hinter sich. Ihm ist zum Heulen, als er den Fluss erreicht.

Hätte er sich wenigstens was zu essen gekauft! Hätte er besser aufgepasst! Hätte er sich die Leute genauer angeschaut, die sich gegen ihn gedrückt haben! Hätte, hätte, hätte!

In seinem Kopf malt er beim Weitergehen wüste Bilder: was er mit dem Dieb machen würde, wenn er ihn ausfindig machen und erwischen könnte.

Beinahe wäre Randolf über einen Stein gestolpert. Wütend will er den Stein beiseite treten, ihn wegstoßen – ein scharfer Schmerz. Wie ein Stich. Der Stein liegt fest in der Erde und bewegt sich nicht. Randolf hat seinen nackten Fuß mit Wucht dagegen getreten.

*Verdammt, verdammt, verdammt!*

Der rechte Fuß tut höllisch weh. Hoffentlich ist nichts gebrochen! Randolf hüpft auf einem Bein zum Ufer, rutscht fluchend die Böschung hinunter und taucht den Fuß ins Wasser. Der Fluss hat eine kräftige Strömung, das kühle Wasser betäubt den Schmerz.

Wahrhaftig, ein schlechter Glücksbringer! Randolf reißt an der Lederschnur, will das Amulett ins Wasser werfen, aber im letzten Augenblick hält ihn etwas zurück.

Guntram war ein Freund. Er hat es ihm geschenkt.

Randolf steckt das Amulett zurück unters Hemd.

Nach einer Weile kann er wieder mit dem Fuß auftreten. Gebrochen ist offenbar nichts. Aber jeder Schritt tut weh. Randolf kriecht auf allen vieren die Böschung hoch.

Vor ihm liegt der Stolperstein. Ein rauer, kantiger Stein. Und an allem ist dieser gemeine Dieb schuld! Wenn er ihm nicht sein Geld gestohlen –

Kurz entschlossen zückt Randolf sein Messer und schärft wütend, ritschend und ratschend, die Klinge am Stein.

Er geht weiter am Fluss entlang, der Fuß schmerzt bei jedem Schritt.

Müde und hungrig klopft er am späten Nachmittag an eine Haustür. Eine grobe Männerstimme schreit aus dem Inneren: «Scher dich fort, Bettelpack!»

«Ich suche Arbeit! Will mir mein Essen verdienen! Ich ...»

Die Haustür öffnet sich einen Spalt, ein großer Hund wird von der Kette gelassen und springt auf ihn zu.

Randolf macht einen Satz über den Zaun und rennt aus dem Dorf.

Im nächsten Ort spricht er eine Frau an, die im Garten arbeitet. «Ich bin reisender Schneider – Ihr habt doch bestimmt Kleidungsstücke, die repariert werden müssen?»

«Hm ...» Die Frau blickt ihn nachdenklich an. «Das Taufkleid für meine Enkelin muss bis nächsten Sonntag fertig werden, und mir ist das Garn ausgegangen. Komm herein.»

«Äh ... also ... Garn habe ich selber nicht, leider ...» Nicht mal eine Nadel, setzt er im Geiste hinzu und verflucht seine Unbesonnenheit. Warum ist er nicht auf die Idee gekommen, sich Handwerkszeug zu kaufen, als er noch Geld hatte? Wie soll er sich jetzt sein Brot verdienen?

Randolf wandert weiter, mit jedem Tag hat er weniger

Kraft. Er verflucht seine eigene Torheit, er verflucht sein Schicksal, er verflucht den Dieb und malt sich immer und immer wieder aus, wie er ihn verfolgt und erwischt hätte.

Wieder und wieder kommt er in Dörfer und in kleine Städte, wo ihm die Türen vor der Nase zugeschlagen werden.

Selten genug kann er mal für einen Bissen Brot eine Weste flicken, einen Rock oder einen Mantel, aber meistens wird er davongejagt, wenn die Leute erfahren, dass dieser wandernde Schneider nicht mal eine eigene Nadel und kein Garn besitzt.

Und nachts ist es zuweilen doch noch empfindlich kalt. Oft kauert er sich frierend in feuchtes Laub oder Moos und wünscht sich, er hätte von dem Geld wenigstens eine Jacke gekauft.

Nach ein paar Tagen muss er den Gürtel um ein Loch enger schnallen, so sehr ist er schon abgemagert.

Seine Hände streichen über die silberne Gürtelschnalle. Der Gürtel erinnert ihn an Lilli. Er hatte ihn vom ersten Geld gekauft, das sie ihm geschenkt hatte. Warum ist er nicht bei Lilli in der Stadt geblieben?

Der Fluss flimmert in der Mittagshitze, und Randolf ist schwindelig vor Hunger. Er lässt sich kraftlos ins Gras fallen.

Soll er weiter als hungriger Bettler durch die Welt ziehen? Dafür hat er Lilli verlassen?

Als er auf dem Rücken liegt und die Augen schließt, sieht er Lillis Gesicht vor sich. Und plötzlich vermisst er ihr Lächeln, sogar ihr unbekümmertes Geplapper, das ihm zuweilen lästig geworden war. Er kann es förmlich spüren, wie sie freundschaftlich den Arm um seine Schultern legte …

Er öffnet matt die Augen. Sein Blick verliert sich in den Wolken.

Lilli ist der einzige Mensch, der ihn fürsorglich behandelt hat. Ein Mensch, der ihn liebt. Und er hat sie einfach hinter sich gelassen …

Eine Wolke schwimmt über den Himmel, sie sieht aus wie ein riesengroßer Fisch. Ein Wal? Nein, ein Raubfisch, das Maul ist voller spitzer Zähne. Vielleicht ein Hai. Weiter und weiter sperrt der Wolkenfisch sein Maul auf.

Er lacht. Der Wolkenfisch lacht. Ein boshaftes, hämisches Lachen. In seinem wirren Geist kommt es Randolf so vor, als könnte er das Lachen hören.

«Hast du nichts Besseres zu tun, als mich auszulachen, blöder Fisch?», ruft er wütend.

Randolf wundert sich nicht einmal darüber, dass der Wolkenfisch ihm antwortet: «Du bist ja auch zum Lachen – du Spinner! Träumer! Lässt dich von einem Trugbild auf die Reise schicken – hahaha! Bis du das Meer nur riechen kannst, bist du doch längst verhungert! Hohoho!»

«Das ist überhaupt nicht komisch!»

«Doch, doch, das ist sogar unglaublich komisch! Was willst du überhaupt am Meer oder in der Hafenstadt? Ein silbernes Segel suchen? Hahaha! Du glaubst doch selber nicht, dass es das gibt!»

«Aber natürlich! Mein Vater –»

«Dein Vater ist längst tot – begreif das endlich mal!» Die beiden Hälften des Fischmauls klappen immer weiter auseinander und verformen sich. Der Fisch ist dabei, sich aufzulösen. Mit letzter Kraft ruft er: «Kein Wunder, dass Lilli dich nicht verstanden hat! Wenn du bei ihr geblieben wärst, würde Lilli dir was zu essen bringen oder wieder heimlich ein paar Münzen zustecken …»

«Nein, nein, nein! Genau das wollte ich ja nicht mehr!»

Mühsam rafft Randolf sich auf. Der Wolkenfisch hat sich aufgelöst in viele kleine Fetzen, als sei er geplatzt.

Randolf klopft wütend Grashalme und Staub von seiner Hose ab. Er wäscht sich am Fluss das Gesicht und trinkt gierig ein paar Hände voll Wasser. Wieder mal lässt sich der Hunger davon für eine Weile verscheuchen.

Plötzlich kann er es kaum abwarten, nach Glückstadt zu kommen.

Als ihn eine Kutsche überholt, packt Randolf kurz entschlossen einen Haltegriff am hinteren Ende und springt auf. Er steht auf einem Brett und kann von den Fahrgästen nicht gesehen werden.

Die Kutsche bringt ihn beinahe bis vor die Tore der Stadt Hamburg. Schon zwei Tage später ist er in Glückstadt.

10. Kapitel

# Der Kapitän

Im Hafen herrscht Hochbetrieb. Ringsum ein Rumpeln und Rattern und Rufen. Pferdewagen, Ochsenkarren, Handwagen, Schubkarren, Lastträger. Schiffe werden beladen, andere Schiffe sind gerade angekommen und haben Fracht aus fernen Ländern mitgebracht. Kisten und Säcke und Fässer werden gehievt und geschoben, geschleppt und gerollt. Man hört ein Durcheinander fremder Sprachen, denn die Menschen, die im Hafen arbeiten, kommen aus vielen Ländern der Welt.

Randolf betrachtet unschlüssig das wirre Treiben. Auf dem Weg ist er sich so sicher gewesen, dass er den Kapitän in Glückstadt ausfindig machen wird. Aber wie soll er die Suche nach ihm beginnen?

Er schaut sich die Namen und die Flaggen der Schiffe an. Die Schiffe kommen aus Holland, aus Dänemark, aus England, eins sogar aus Portugal …

Er geht an der Kaimauer entlang.

Im Hafen riecht es nach Fisch, Teer und fremden Gewürzen. Säcke mit Getreide und Mehl stehen auf dem Kai, Fässer voll gesalzenem Fleisch und Fisch, auch Kästen mit frischem Fisch aus Skandinavien, auf Eis gelegt. Es gibt schwere Bündel mit Fellen und Pelzen aus Russland, Stoffballen aus Holland und Belgien, Gewürze und Wein aus Portugal. Dann Seide, Zucker, Seife und allerlei andere Waren in Töpfen und Tonnen, in Fässern und Flaschen, Ballen und Säcken, Kisten und Schachteln in allen erdenklichen Größen und Gewichten. Alles muss transportiert werden, entweder auf Schiffe oder auf Fuhrwerke oder in die Lagerhallen im Hafen.

Das Amulett, das der Käpten bei Guntram bestellt hatte, trug eine Inschrift in deutscher Sprache. Der seltsame Käpten wird also zu einem deutschen Schiff gehören. Wenn er noch in Glückstadt ist …

«Da zieht ein Sturm auf – Junge, Junge!», hört er plötzlich dicht über seinem Kopf einen Seemann sagen. Randolf bleibt stehen und schaut hoch.

Der Seemann steht an Bord eines deutschen Schiffes. Er hat einen Sack abgesetzt und blickt in die grauen Wolken, die vorüberjagen. Der andere Matrose, mit dem er gesprochen hat, schaut ebenfalls hoch und kratzt die dunklen Bartstoppeln an seinem Kinn.

Ohne zu überlegen, klettert Randolf den Laufsteg hoch und aufs Schiff.

«Wir brauchen keinen Schiffsjungen!», fährt der stoppelbärtige Matrose ihn an. «Unsere Mannschaft ist komplett!»

«Ich muss euren Kapitän sprechen!»

Er spürt, wie sich das Schiff unter ihm bewegt, es zerrt unruhig an den Leinen, mit denen es an der Kaimauer festgemacht ist.

Der Stoppelbart runzelt misstrauisch die Stirn. Er spuckt über die Bordwand. «Der Käpten ist beschäftigt. Es kommt ein schwerer Sturm, und wir brauchen jede Hand, um die Ladung an Bord zu bringen. Du kannst tragen helfen und dir ein paar Groschen verdienen. – Hey, Käpten!», ruft er plötzlich zu einem Mann, der in Kapitänsuniform aus einer Ladeluke gestiegen kommt.

Das kann nicht der Mann sein, den Randolf sucht. Dieser Kapitän ist klein und stämmig, er trägt einen grauen Bart. Der Kapitän schnüffelt den Wind, presst die Lippen zusammen und verzieht das Gesicht. «Noch zwei Stunden, würde ich sagen, höchstens drei, dann bricht es los.» Er schaut die Matrosen nachdenklich an und fügt hinzu: «Dann kommt auch die Flut, und der Wasserspiegel ist jetzt schon hoch. Der Fluss führt viel Wasser.»

«Hier ist ein Junge, der mit anpacken will ...»

Aber Randolf hat sich schon umgedreht und verlässt das Schiff.

«Drückeberger!», knurrt der Stoppelbart und spuckt hinter ihm her.

Hoch über dem Wald von Masten und Spieren und den Dächern der Häuser, die den Hafen umsäumen, taumeln und kreischen aufmüpfig die Seemöwen, als spürten auch sie den Wetterumschwung. Der Wind singt in der Takelage der Schiffe. Das Tauwerk vibriert und knarrt.

Auch die Hafenarbeiter sind unruhig geworden. Sie arbeiten jetzt zügiger, blicken hin und wieder zum Himmel auf. Sie wollen fertig werden und überdacht vor einem warmen Feuer sitzen, wenn der Regen einsetzt.

Eine plötzliche Bö fegt über den Hafen, zerreißt die Wasseroberfläche in ein Durcheinander kleiner Wellenzacken und wirbelt Blätter und kleine Zweigfetzen in die Luft. Auf dem Kai haben einige Leute ihre Hüte verloren. Ihre erschreckten Rufe mischen sich unter das Geschrei und Gebrüll beim Laden und Entladen der Schiffe, das zunehmend lauter und schriller geworden ist.

Wieder hat Randolf ein deutsches Schiff entdeckt. Er bleibt stehen und wartet, ob der Kapitän sich zeigt.

Ein großer, rumpelnder Wagen, von vier Pferden gezogen, bahnt sich langsam einen Weg durch die Menschenmenge. Der Wagen ist mit schweren Holzkisten beladen. Die Pferde scheuen, schnaufen und schlagen mit ihren Hufeisen Funken auf den Pflastersteinen. Beim Versuch, die Pferde zu lenken, zerrt der Kutscher wütend an den Zügeln und knallt mit seiner Peitsche nach jedem, der ihm in den Weg kommt.

«Das wurde aber auch Zeit!», ruft ihm ein Seemann von dem deutschen Schiff zu. «Wir warten schon seit Stunden auf dich!»

Der Mann neben dem Kutscher springt herunter und bahnt sich laut fluchend einen Weg nach vorne, um die Pferde zu halten. Eine Gruppe von Hafenarbeitern ist schon zur Stelle. Vier von ihnen klettern hinauf und wuchten eine Kiste auf die Schultern von vier anderen, die unten am Wagen stehen. Die Männer schwitzen und fluchen unter dem Gewicht, ihre Muskeln sind vor Anstrengung geschwollen.

«Beeilt euch!», ruft der Kutscher ungeduldig und wirft

einen Blick zum Himmel hinauf. «Ich kann hier nicht den ganzen Tag vertrödeln!»

«Hör dir den bloß an», sagt ein Matrose ärgerlich, «wenn er pünktlich hier gewesen wäre, hätten wir schon längst alles geschafft!»

Kiste um Kiste wird mit einer Winde an Bord des Schiffes gehievt und in den Laderaum hinuntergelassen.

Der Abendhimmel ist dunkler geworden. Im Südwesten bauen sich große Wolkenbänke auf, die sich wie Berge am Himmel türmen. Kühler ist es auch. Ein Windstoß fegt vereinzelte Regentropfen über den Hafen.

«He, Junge, hast du nichts zu tun?», ruft plötzlich eine kehlige Stimme.

Randolf schreckt auf. Ein Seemann mit schwarzem Bart beugt sich zu ihm über die Reling.

«Unser Käpten ist immer noch nicht von der Schmiede zurück! Lauf hin und sag ihm, dass er dringend an Bord gebraucht wird.»

«Wie soll ich wissen, wer euer Käpten ist?», fragt Randolf verblüfft und setzt hinzu: «Ich weiß ja nicht mal, wo die Schmiede ist!»

«In der Schiffswerft dort drüben!» Der Seemann zeigt auf ein großes Gebäude hinter den Häusern, am Ende des Hafens. «Frag nach dem Käpten der *Kra*… äh – der *Krähe*! So heißt unser Schiff: *Krähe*!»

Randolf schaut auf die Schrift vorn am Bug. «Krähe» steht dort in Großbuchstaben. Die Schrift wurde offenbar kürzlich ausgebessert: Wie frisch gemalt sehen die Punkte über dem A und der Querbalken des H aus.

Randolf trabt los, ohne zu überlegen, warum er für einen fremden Seemann einen Botengang macht. Er schlängelt sich durch das Gewimmel der arbeitenden Menschen.

Der Wind bläst einen strengen Geruch über den Kai. Es riecht nach brennendem Holz und geschmolzenem Teer. Je näher er dem Werftgebäude kommt, desto lauter hört er das Kreischen der Sägen und das Klopfen vieler Hämmer.

Ein Trupp Soldaten marschiert in die gleiche Richtung zum Wachdienst auf den Schutzwällen, Musketen hängen über ihren Schultern. Alle machen ihnen Platz, sodass Randolf bald die Werft erreicht hat. Eins von den vielen Nebengebäuden muss die Schmiede sein. Aber welches?

Der Teergeruch ist immer stärker geworden, fast überwältigend, und der Lärm des Hämmerns und des Sägens scheint die Luft zu zerreißen. In riesigen Kesseln lagern große Holzbalken in Wasser. Salzwasser für Eichenholz, damit es leichter bearbeitet werden kann, Süßwasser für Kiefern- und Fichtenholz, das für Masten und Spieren verwendet wird.

Aus einem Steingebäude quellen dichte, erstickende Rauchschwaden. Die großen Doppeltüren sind weit geöffnet. Der Wind, der zwischen den Hütten bläst, reißt den Qualm hoch und schleudert ihn beiseite. Durch die offenen Doppeltüren ist nun ein grelles, glühendes Leuchten zu sehen: das Schmiedefeuer. In dem orangefarbenen Schein kann Randolf die Gestalten junger

Lehrlinge sehen, viele von ihnen Jungen wie er, die heftig die Blasebälge pumpen, um das Feuer weiß glühend zu halten.

Ihre Oberkörper sind nackt und schmutzig von der Holzkohle und vom Rauch. Der Schweiß läuft in kleinen Bächen ihre Körper hinunter und zeichnet seltsame Muster aus weißer Haut und Dreck.

In der Werkstatt ist es heiß. Der Rauch brennt Randolf in den Augen, als er ins überfüllte Innere späht. «Ich suche den Kapitän der *Krähe*!», brüllt er in den Lärm, aber keiner beachtet ihn. Alle konzentrieren sich auf einen riesigen eisernen Ring, der über den glühenden Kohlen des Schmiedefeuers heruntergelassen wird, eine Schelle für einen Schiffsmast.

Als er ins Feuer eintaucht, steigt ein leuchtender Funkenschauer zu den Deckenbalken hinauf, und der Raum füllt sich mit dem bitteren Geruch von verbranntem Metall.

«Der *Krähen*-Kapitän?», versucht es Randolf von neuem. «Wo finde ich ihn, es ist dringend?»

Einer der Männer zeigt mit einer kleinen Kopfbewegung auf die hintere Tür der Werkstatt. Randolf schiebt sich hinter dem Mann vorbei. Er muss würgen in dem erstickenden Gestank von Schweiß und versengtem Leder, von verbranntem Holz und Metall. Als er die Tür erreicht hat, blickt er noch einmal zurück, um dem Geschehen zuzuschauen. Er hat noch nie die Arbeit in einer Werftschmiede gesehen.

Der weißglühende Metallring wird zu einem liegenden Schiffsmast getragen, der auf schwere Holzstützen aufgebockt ist. Helfer warten, mit Hämmern ausgerüstet, um die Schelle an die richtige Stelle zu schlagen. Es muss schnell geschehen, bevor das Metall erkaltet und sich zusammenziehen kann. Eine hell hinaufschießende Flamme erleuchtet einen Moment lang die Werkstatt, wird jedoch sofort gelöscht: Ein Lehrjunge hat aus einem Ledereimer Wasser darüber gegossen.

Die Schelle wird behutsam den Mast entlanggeschoben, bis sie richtig liegt. Keiner spricht. Alle wissen genau, was zu tun ist, und sie tun es schweigend. Der Lehrjunge wartet, bis die Männer fertig sind und zurücktreten, um ihm Platz zu machen. Dann gießt er reichlich Wasser über die Schelle, damit sie sich zusammenzieht. Er verschwindet fast in der aufsteigenden Dampfwolke.

Randolf drückt die hintere Tür auf und geht hindurch in einen langen, breiten Raum. Ein paar schmuddelige Fenster an einer der Längsseiten geben ein trübes, graues Licht.

Am Ende des Raumes arbeitet eine Gruppe von Handwerkern. Zwei von ihnen knien auf dem Fußboden und messen etwas mit einem geknoteten Seil. Ein Stück weiter, an einem Tisch, sitzen zwei Männer vor Flaschen und Gläsern und betrinken sich. Der eine ist offenbar der Schmied, der andere trägt eine Kapitänsuniform. Sie sind so in ihr Gespräch vertieft, dass keiner von ihnen Randolf bemerkt, bis er neben ihnen steht. Der Kapitän muss gespürt haben, dass jemand da ist, denn er dreht mit einem Ruck seinen Kopf zur Seite. «Was schleichst du hier rum wie eine streunende Katze?» Die Stimme des Kapitäns klingt laut und dröhnend.

«Einer von Euren Männern schickt mich. Ihr sollt schnell zum Schiff kommen. Er sagt, es sei dringend.» Verstohlen mustert er den Kapitän. Die Ärmel der Uniformjacke sind ein Stück zu kurz für die massige, kräftige Gestalt. Das Gesicht, rau und kantig, ist von Wetter und Wind zerklüftet und sieht aus, als sei es aus Leder. Darin blinken lodernde, wilde Augen. Das könnte der Mann sein, den Guntram beschrieben hat. Er sieht tatsächlich so aus, als hätte er sich die Uniform nur geliehen.

«Dringend, sagst du?» Prüfend blickt ihn der Kapitän an. Dann sagt er zum Schmied: «Die Pflicht ruft. Aber es ist ja alles besprochen.»

«Immer eine Freude, mit Euch Geschäfte zu machen.» Der Schmied steht auf, um sich zu verabschieden. «Die Ware müsste inzwischen bei Euch an Bord sein. Ich habe gesehen, dass der Kutscher gerade zurückgekommen ist.» Er geht vor, um dem Kapitän die Tür zum Hof zu öffnen.

Für einen Schlag setzt Randolf das Herz aus. Der Kapitän humpelt! Er zieht seinen linken Fuß hinter sich her, als sei er schwerer als der andere. Der Fuß ist mit Lappen und Lederstreifen umwickelt.

«Sieht nach schlechtem Wetter aus, Herr Kapitän», brummt der Schmied mit einem Blick zum Himmel. «Wenn ich als Landratte die Vorzeichen richtig deute, ist es ein schwerer Sturm, der sich da aufbaut.»

Der Kapitän steht neben ihm in der Tür. Er prüft den

Himmel, der sich verdunkelt hat. «Ich fürchte, Ihr habt Recht.» Er dreht sich zum Schmied um. «Mach lieber deine Luken dicht! – Komm, Junge, wir haben keine Zeit zu verlieren.»

Randolf eilt mit ihm über den Hof. Der Schmied winkt ihnen kurz hinterher und verschwindet in der Tür.

Der Kapitän hat einen raschen, schweren Gang. Er schwingt das Bein mit dem schweren Fuß ruckweise nach vorn, macht einen Schritt und zieht dann das Bein nach, wobei er es wieder mit Schwung nach vorne setzt.

Eine plötzliche Windbö treibt eine Wolke aus Sägemehl und Spänen vor sich her, die in den Augen brennt.

Randolf und der Kapitän stemmen sich gegen den Wind und schützen ihre Augen.

Vorbei an Stapeln von Brettern, die zum Trocknen unter den Dächern offener Schuppen lagern. Ulme und Buche und Pappel und Nussbaum. Ein prasselnder Regen hat eingesetzt. Die Arbeiter lassen ihre Arbeit liegen und laufen unter ein Dach, um sich zu schützen. Große, kalte Regentropfen. Sie klatschen mit einer solchen Wucht auf die Erde, dass der Staub mit Kratern übersät wird.

Der Kapitän beschleunigt seinen Lauf, und sein Umhang bläht sich hinter ihm auf. Randolf ist nach wenigen Schritten bis auf die Haut durchnässt, seine Haare kleben am Gesicht. Als beide die Straße zum Kai erreichen, liegt sie fast verlassen da. Männer und Frauen sind eifrig damit beschäftigt, Fensterläden zu schließen und zu verriegeln und alles nach innen zu räumen, was sie auf der Straße vor ihren Häusern benutzt hatten.

Die letzten Kisten und Ballen werden in die Lagerhäuser getragen. Menschen hasten unter die Dächer, platschen durch die Regenpfützen und halten ihre Mützen fest. Der Wind heult jetzt über den Hafen und treibt Regenwolken vor sich her. Böen zerren an der Takelage der Masten und bringen die Schiffe zum Schwanken.

Die *Krähe* ist ein rundbäuchig gebautes Schiff, manövrierfähig und schnell, und dennoch mit großen Lagerräumen im Inneren. Und sie braucht nur eine kleine Besatzung, was in diesen Kriegsjahren von großem Vorteil ist, weil es an Seeleuten mangelt.

Rund um das Schiff läuft eine stabile geschlossene Reling, vom hohen Schwung der Galionsfigur – einem geschnitzten, roten, zähnefletschenden Löwen – bis zum Achterschiff mit den verzierten Seiten und einer geschlossenen Galerie mit Fenstern zur Großkajüte. Am Heck steht ein großer geschnitzter Rahmen voller kleinerer, drohender Löwen und kriegerischer Figuren, gekrönt von drei riesigen Laternen. Ein elegantes, gut aussehendes Schiff.

Randolf sieht oben Männer in der Takelage hängen. Sie reffen die Segel dichter an die Spieren, um die Fläche zu verringern, die dem Wind ausgesetzt ist. Der Kapitän seufzt erleichtert, als sie über den Kai eilen. Er sieht, dass seine Mannschaft vollzählig und fest bei der Arbeit ist. Zwei Gruppen von Männern machen vorn und hinten die Anker klar.

Niemand hält Randolf zurück, als er sich durch den

Wind hinter dem Kapitän auf dem Laufsteg hoch zum Schiff kämpft.

Einem Seemann, der ihnen über das triefnasse Deck entgegenläuft, ruft der Kapitän zu: «Sind die Boote zu Wasser gelassen?»

«Ay, ay, Käpten – und die Männer warten drin.»

«Holt den Laufsteg ein und bringt den vorderen Anker aus! Wir müssen weg von der Kaimauer.» Der Kapitän blickt über die Steuerbordreling, wo Männer der Mannschaft halb über Bord hängen und dicke Taue an der Bordwand hinunterhängen lassen, damit das Schiff nicht gegen die Steinmauer schlägt. Die Taue sind dicker als die muskelbepackten Arme der Seeleute.

Randolf schaut zu, wie mit äußerster Vorsicht der große Anker hinuntergelassen und an Bord eines kleinen Bootes genommen wird, das dort schon gewartet hat. Der Wellengang droht das Boot gegen das Schiff zu werfen. Die Ruderer strengen sich an, um es in der Strömung ruhig zu halten. Eine schwierige und gefährliche Arbeit. Der Anker ist riesig, sperrig und sehr schwer, und das kleine Boot schaukelt von einer Seite auf die andere. Der Kapitän ruft ein paar kurze Befehle durch seine hohlen Hände. Die Ruderer legen sich fest in die Riemen. Das Boot, gegen die Strömung kämpfend, schleppt die Ankerkette hinter sich her und bewegt sich auf ein sperriges Holzgebilde zu, das in der Mitte des Hafens auf dem Wasser ragt. Ein Dalben zum Festmachen von Schiffen im Sturm.

Gleichzeitig wird der hintere Anker an Bord eines zweiten Bootes genommen.

Randolf schaut mit angehaltenem Atem zu, während sich das zweite Boot von der *Krähe* entfernt, tief im Wasser liegend.

Das Boot mit dem Vorderanker hat fast den Süddalben erreicht. Es kämpft gegen die Fluten, die in den Hafen strömen. Das Wasser steigt schnell, vom Sturm flussaufwärts getrieben, dem Flutwasser entgegen, das flussabwärts will. Vier Männer springen auf den Dalben, hängen sich wie Kletten an seine Seiten und krallen sich am rauen Holz hoch.

Das Boot hat festgemacht, damit die Ruderer mithelfen konnten, den mit Seilen befestigten Anker zu den Männern auf dem Dalben hinüberzuhieven.

Sie ziehen ihn in die richtige Position, haken ihn um den Dalben und befestigen ihn mit Tauen. Dann springen sie zurück ins Boot und machen los. Der Bootsführer winkt, um anzuzeigen, dass der Befehl erfolgreich ausgeführt wurde. Der Kapitän handelt unverzüglich.

«Leinen los», befiehlt er.

Sobald die Leinen losgeworfen sind, schwenkt die *Krähe* durch die Strömung von der Kaimauer weg, und die Bugankerkette strafft sich. Sie schnellt aus dem Wasser und spritzt eine Fontäne hoch in die Luft. Die Kette hält nun das ganze Gewicht des Schiffes. «Holt den Anker dicht!», brüllt der Kapitän. «Wir dürfen zwischen uns und dem Dalben nicht zu viel Spiel lassen.»

Er wendet sich zum zweiten Boot. Der hintere Anker wird am Norddalben befestigt, und sobald die Männer wieder im Boot sind, gibt der Kapitän Befehl, auch diese Kette einzuholen.

«Festmachen!», befiehlt der Kapitän. Dann wischt er sich den Regen aus der Stirn und sagt zu einem Seemann, der neben ihm steht: «Gute Arbeit, Steuermann. Jetzt ist sie so sicher, wie ein Schiff ihrer Größe überhaupt sein kann in einem schmalen Hafen, in einem Sturm wie diesem. Wir werden aber den Wasserstand im Auge behalten müssen.»

Der Steuermann nickt.

Übers Deck sind Sturmleinen gespannt. An einer hangelt sich der Steuermann über das schlingernde Schiff nach achtern.

Vor dem peitschenden Regen suchen Kapitän und Steuermann Schutz beim Rudergänger unter dem Kolderstock, einer überdachten Fläche. Hier kann der Mann am Steuer die Ruderstellung, die Segel und den Kompass überwachen, ohne der Witterung ausgesetzt zu sein. Sie beobachten angespannt das Einströmen des Flutwassers in das Hafenbecken und haben keinen Blick für Randolf, der neben ihnen im strömenden Regen steht. Er würde am liebsten fragen, ob er als Schiffsjunge anheuern darf, aber er spürt, dass der Zeitpunkt schlecht gewählt ist, und er gibt sich schon damit zufrieden, dass er nicht von Bord gescheucht worden ist.

«Die Ankerkette muss viel aushalten», sagt der Steuermann nervös nach einer besonders harten Bö.

«Sie wird halten», brummt der Kapitän und fügt dann leise hinzu: «Sie muss halten.»

Das Wasser im Hafen ist bereits ungewöhnlich hoch und steigt schnell. Schon schwappt es über die Schwelle des Kais und verwandelt die Pfützen in einen See, der sich nach den Häusern und Straßen der Stadt ausbreitet.

Kirchenglocken beginnen zu läuten, einige klingen ganz nah, andere ferner. Sie warnen die Einwohner der Stadt, ihr Hab und Gut in die oberen Stockwerke zu schaffen, wo das Flutwasser es nicht erreichen kann.

Lichter brennen in den Häusern am Hafen, nur schmale Lichtstreifen schimmern durch geschlossene Fensterläden. Der Regen schlägt mit einer solchen Wucht nieder, dass Randolf die Gebäude kaum noch sehen kann.

Niemand ist mehr im Freien. Gegen die Naturgewalten kann man nichts tun, außer beten und abwarten. Der Wind hat Orkanstärke erreicht, er heult und pfeift in der Takelage und trommelt gegen die Häuser. Randolf hält sich an der Reling fest.

«Wir sollten lieber die Pumpen besetzen, nur zur Sicherheit», sagt der Kapitän plötzlich und stellt noch einige Männer an das Spill.

«Ay, ay, Käpten!», ruft der Steuermann und stolpert übers Deck, wobei er sich an einer Sturmleine festhält und seinen Körper gegen den Wind stemmt.

Als der Wind für einen Augenblick zwischen zwei wilden Böen nachlässt, kann Randolf erkennen, dass auch die anderen Handelsschiffe wie die *Krähe* ihre Positionen geändert haben.

Das nächstliegende hat Schwierigkeiten mit seinem

Vorsegel. «Die haben zu spät mit dem Reffen begonnen!», ruft der Kapitän dem Rudergänger zu. Es klingt hämisch, beinahe schadenfroh. «Jetzt schaffen sie es nie, nicht bei diesem Wind.»

Die Matrosen oben in der Takelage versuchen verzweifelt, das flatternde Segeltuch zu greifen, um es an die Spiere festzubinden, aber der Wind reißt es ihnen immer wieder aus den Händen.

«Arme Teufel!», brummt der Rudergänger.

Plötzlich reißt das Segel an der Spiere in zwei Teile und rollt sich auf. Ein Seemann rutscht ab und stürzt hinunter aufs Deck. Das Krachen und sein Schrei verwehen im Wind.

Das Segel fällt, ein verheddertes Durcheinander von Tauwerk und Segeltuch, auf das Vorderdeck wie ein riesiges, zerknittertes Leichentuch. Um ihr Leben ringend, klammern sich die Männer in der Takelage fest und schaukeln wild in den Seilen. Sie sehen aus wie schwarze Raubvögel.

Der Kapitän lacht.

Randolf wird unsanft auf die Schulter geschlagen. Der Steuermann ist zurückgekommen. «Was ist mit diesem Burschen?», fragt er den Kapitän. «Können wir noch einen Schiffsjungen gebrauchen?»

Randolf durchrieselt es heiß und kalt. Ein solches Angebot hat er in seinen kühnsten Träumen nicht erhofft. Auf dem gleichen Schiff zu sein wie der Mann, der dieses Amulett besitzt …

Aber der Kapitän macht eine wegwerfende Handbewegung und schüttelt den Kopf. «Eine Landratte! Hat keinen Handgriff mit angepackt und die ganze Zeit nur dumm rumgeglotzt!»

Randolf schlägt das Herz bis zum Hals. So eine Gelegenheit kommt bestimmt nie wieder! «Ich könnte lernen ...», beginnt er, aber der Kapitän achtet gar nicht auf ihn. Er knurrt zum Steuermann: «Die Schmiede hat geliefert, hör ich?»

«Ja – alle Kisten an Bord.»

«Dann sind wir hier fertig. Morgen früh, wenn der Sturm vorbei ist, legen wir ab.»

«Zum silbernen Segel?», fragt Randolf, ohne zu überlegen.

Der Kapitän packt ihn mit eisernem Griff am Arm. «Was weißt du davon? Wer hat dir was erzählt?» Seine Augen blitzen.

Eine hastige Gestalt kommt herangeeilt. Es ist der Bootsmann. «Käpten», schreit er und legt seinen Mund ans Ohr des Kapitäns, «die Flut trägt einen Müllberg vor sich her in den Hafen. Der Wasserspiegel steigt immer noch.» Er holt Luft. «Ein paar riesige Teile. Könnte gefährlich sein.»

Der Kapitän nickt. Er zerrt Randolf neben sich her, als er mit dem Bootsmann aufs Vorschiff geht. «Du bleibst hübsch in meiner Nähe, Bürschchen. Willst wohl auf meinem Schiff rumschnüffeln, wie?» Er schüttelt Randolf, dass es schmerzt.

Sie halten sich an der Sturmleine fest und müssen fast auf Händen und Füßen kriechen.

Was hat er mit mir vor?, überlegt Randolf mit bummerndem Herzen.

Als sie das Vordeck erreicht haben, zeigt der Bootsmann auf die Hafeneinfahrt. Alle möglichen schwimmenden Abfälle treiben auf sie zu. Sie werden am Schiff vorbeigespült und stauen sich dahinter an den Brücken und Schleusen.

Der überflutete Kai ist mit Abfällen und Unrat übersät. Was die Männer jedoch erschreckt, ist ein gewaltiger schwimmender Trümmerhaufen, der vom äußeren Hafen auf das Schiff zutreibt.

Da schwimmen gebrochene Balken und Bretter, manche noch zu Wänden zusammengenagelt – Reste von Hütten und Werkstätten, die der Sturm zerstört hat. Ganze Dächer sind heruntergerissen worden, auch sie wurden von den reißenden Wassermassen davongespült. Dazwischen treiben gewaltige Bäume, die irgendwo entlang der Elbe entwurzelt worden sind, mit riesigen Stämmen und hoch aufragenden Ästen. Das Flutwasser hat sie den Fluss hinabgeschwemmt, aber die hereinströmende Flut hat sie, mit Hilfe des Windes, wieder flussaufwärts in die Hafeneinfahrt getrieben. Ein Schiff, das gegen einen solchen Stamm schlägt, wäre verloren.

Der Kapitän reagiert sofort. Er zeigt auf den Berg, der auf sie zutreibt. «Bootsmann», brüllt er, «alle Männer zum Abstoßen! Gib jedem Mann einen Bootshaken! Wir müssen das Zeug vom Schiff fern halten. Läute Alarm!»

Als die Alarmglocke scheppert, setzt sich die ganze Mannschaft im Laufschritt in Bewegung. Befehle gellen durch den Wind, und die dunklen Gestalten der Männer greifen nach den langen Stangen mit den Eisenhaken am Ende. Sogar Randolf bekommt einen Bootshaken in die Hand gedrückt. «Hilf mit, wenn dir dein Leben lieb ist!»

Die langen Bootshaken in den Händen, stellen sich alle entlang der Reling auf, um die schwimmenden Trümmer abzuwehren.

Gerade noch rechtzeitig. Mit einem wirbelnden Rauschen des Wassers und dem Heulen des Windes hat der Unrat sie erreicht.

Das dumpfe Donnern der Gegenstände gegen den Schiffsrumpf bringt die Planken zum Zittern. Die Männer können unmöglich alles wegstoßen. Die *Krähe* schwankt mit solcher Wucht von einer Seite auf die andere, dass Randolf sich kaum halten kann. Mehr als einmal wird er so heftig gegen die Reling geschleudert, dass es ihm beinahe die Luft abdrückt.

«Wenn es so weitergeht, schlägt sie noch Leck», stößt einer der Männer hervor. Alle schuften bis zur völligen Erschöpfung. Sie drücken, schieben, hebeln mit ihrer ganzen Kraft an den schwimmenden Trümmern, immer der ganzen Heftigkeit der Elemente ausgesetzt, ohne dass sie sich schützen können.

Aber den Männern im Bug gelingt es, die gefährlichsten Gegenstände zur Seite zur drücken, sie wegzudrehen, damit sie am Schiff vorbei in den Binnenhafen treiben können.

Das Schiff achteraus hat sich in einem großen Baum

verheddert. Seine Äste reichen bis zu den unteren Spieren. Die Mannschaft arbeitet mit Sägen und Äxten, um es freizubekommen.

Am Hafen hat das Wasser die unteren Etagen der Häuser erreicht.

Die Kirchenglocken sind verstummt. Von den Gebäuden kommt kein Laut mehr.

Unter Deck beginnt die hölzerne Schiffspumpe zu arbeiten.

Stunden vergehen.

Randolf macht sich so nützlich, wie er kann. Die Männer sind erschöpft, so müde, dass sie nur noch automatisch arbeiten, ohne nachzudenken, einfach schieben und drücken, immer weiter.

Dann hat sich der Sturm endlich ausgetobt. Die Seeleute atmen erleichtert auf.

Der Wind ist nicht mehr so stark wie vorher. Immer noch regnet es, und es ist kalt, aber es sind keine sturmgepeitschten Güsse mehr, sondern einfach nur rieselnde Regentropfen.

Im grauen Licht der Morgendämmerung kann man zum ersten Mal sehen, welchen Schaden der Sturm angerichtet hat. Viele Häuser am Hafen haben Dachziegel und ganze Teile der Dächer verloren. Zersplitterte Balken und Sparren recken sich in den wolkigen Himmel. Mehrere Schornsteine hängen schief.

«Das wär überstanden!», rufen sich die Männer neben Randolf zu. Sie legen ihre Bootshaken beiseite und lassen sich erschöpft auf Taurollen fallen.

Randolf reckt sich und gähnt. Der Kapitän packt ihn wieder am Arm.

«Ich denke, die Mannschaft hat sich eine Extraportion Rum verdient», sagt der Steuermann.

«So? Du kannst denken?», fragt der Kapitän höhnisch. «Das ist mir neu. Den Rum gibt's erst, wenn wir auf dem Meer sind!»

«Käpten! Sollen die Männer in diesem Zustand –»

«Ankerketten einholen!», befiehlt der Kapitän. «Wir können nicht noch einen Tag in Glückstadt vertrödeln. Die Schmiede ist spät fertig geworden, wir haben viel Zeit verloren.» Er brüllt: «Alles fertig machen zum Ablegen!»

«Ay, ay, Käpten ...» Der Steuermann macht einen Bückling vor dem Kapitän und eilt davon.

«Nun zu dir, Bürschchen! Ich weiß nicht, wer dich geschickt hat und für wen du spionierst – aber du wirst keine Botschaft bringen können. – Halt ihn unter Deck, bis wir den Fluss hinter uns haben!», befiehlt er einem Matrosen. «Und pass gut auf, dass er an Bord bleibt. Auf See kann er dann sowieso nicht mehr weg.»

Randolf wird in einen engen, staubigen Raum ohne Fenster gesperrt. Die Tür ist mit einem dicken Riegel verschlossen.

Das Schiff schlingert. Randolf wird schwindelig.

War es richtig oder falsch, dass er sich so sehr beeilt hat, nach Glückstadt zu kommen? Einen Tag später wäre das Schiff schon weg gewesen, und Randolf hätte den Kapitän verpasst. Aber dann wäre er jetzt noch frei und kein Gefangener ...

Stunde um Stunde bleibt er in seiner Kammer allein. Nur ein Luftloch hoch über seinem Kopf zeigt ihm, dass draußen immer noch Tag ist. Erschöpft schläft er eine Weile. Als er aufwacht, steht neben ihm eine verkorkte Flasche mit Wasser. Auch ein Stück Brot hat man ihm hingelegt.

Das ist ein kleiner Trost: Wenn der Käpten ihn umbringen wollte, wäre es ihm egal, ob Randolf verdurstet oder verhungert. Er will ihn also am Leben lassen.

Langsam kaut und trinkt Randolf in seinem dunklen Gefängnis.

So sieht er nicht, dass die Elbe inzwischen hinter ihnen liegt und sie das offene Meer erreicht haben. Er sieht auch nicht, dass alle Männer sich umgezogen haben und nun verwildert und wüst aussehen. Er sieht nicht, dass nun vorn am Bug ein Mann an Seilen heruntergelassen wird und sich an der Schrift mit dem Schiffsnamen zu schaffen macht. Er kratzt Teile der Farbe ab, die Punkte über dem A und den Querbalken des H. Wo vorher ‹KRÄHE› zu lesen war, steht nun ‹KRALLE› geschrieben.

Und Randolf sieht nicht, dass die deutsche Flagge eingeholt wird. Stattdessen weht nun hoch oben eine schwarze Fahne mit Totenkopf und gekreuzten Knochen.

11. Kapitel

# Die Mannschaft der *Kralle*

Nach zwei Tagen wird plötzlich die Tür geöffnet. Eine brummige Stimme knurrt: «Der Käpten will dich sprechen.»

Randolf wird einen dunklen Gang entlang-, eine steile Treppe hoch- und auf das Deck geführt. Sein Begleiter ist der Steuermann, der den tiefen Bückling vor dem Kapitän gemacht hat. Er führt ihn übers Deck zum hinteren Ende des Schiffes.

Ringsum, zu allen Seiten, ist nichts als Wasser. Die Nordsee. Bis zum Horizont graugrünes, leicht wogendes Wasser, glitzernd beleuchtet von einer frühen Junisonne, die immer mal wieder von Wolken verdeckt wird.

Das Schiff segelt mit ruhiger Fahrt zu einem unbekannten Ziel.

Vor der Kapitänskajüte im Heck bleibt der Steuermann stehen und klopft an die Tür.

«Reinkommen!», dröhnt eine tiefe Stimme so laut, als hätte sie gerufen, aber die Stimme hat mit normaler Lautstärke gesprochen.

Der Kapitän, der sich da halb sitzend, halb liegend, bequem auf der gepolsterten Bank lümmelt und Rum trinkt, trägt keine Uniform mehr.

«Ist gut!», bedeutet er dem Steuermann zu gehen.

Er richtet seinen massigen Körper ein Stück auf, stützt sich auf einen Arm und schaut Randolf in die Augen. Er trägt ein dunkelrotes Hemd mit weiten Ärmeln aus grobem Leinenstoff und eine ausgebeulte schwarze Hose mit breitem Gürtel. Aus einem Hosenbein streckt sich ein nackter Fuß, der auf der Seitenlehne liegt. Das andere Hosenbein ist in Höhe des linken Fußes abgeknickt und hängt schlaff herunter. Vor der Polsterbank steht auf dem Boden ein künstlicher Fuß aus Eisen, an dem Riemen und Schnallen befestigt sind.

«Du willst mir also etwas vom silbernen Segel erzählen», dröhnt die kraftvolle Stimme. Das ist nicht etwa eine Frage, sondern eine nachdrückliche, mit großer Selbstverständlichkeit gebrummte Feststellung, die keinen Widerspruch duldet. «Setz dich!»

Randolf geht zu dem angebotenen Stuhl am Tisch vor der Polsterbank und nimmt Platz. Er gibt sich Mühe, dem glühenden Blick nicht auszuweichen, der auf ihn gerichtet ist.

Noch nie hat er erlebt, dass ein Mensch eine solche Kraft ausströmen kann. Als sei dieser Mann umgeben von einem energiegeladenen Kraftfeld.

Was soll er nur tun? Randolf überlegt verzweifelt. Wenn er ihm sagt, dass er nichts weiß, wird er ihm entweder nicht glauben und ihn foltern lassen, oder er wird ihm glauben und ihn als unnütz und lästig aus dem Weg schaffen. Nach seinem Amulett fragen kann Randolf auch nicht. Dann hielte er ihn womöglich für einen eingeweihten Mitwisser und wird ihn erst recht ausquetschen wollen …

Auch der Käpten schweigt.

Wie lange mag es dauern, bis ihm der Geduldsfaden reißt? Plötzlich muss Randolf daran denken, wie er den Dämon besiegt hat. Ruhe bewahren!

«In wessen Auftrag hast du mich nach dem silbernen Segel gefragt?», durchschneidet die Stimme des Kapitäns die Stille.

Randolf zwingt sich, dem Blick standzuhalten. Nicht die Augen zu Boden senken! Er sagt mit klarer Stimme: «Ich hatte davon geträumt.» Ein instinktives Gefühl rät ihm, bei der Wahrheit zu bleiben.

Und das ist genau richtig, wie er schon im selben Augenblick erkennt: Mit einem Ruck hat Eisenfuß sich aufgerichtet und starrt ihn verblüfft an. «Geträumt?» Er ruft es nicht wütend, wie jemand, der das Gefühl hat, dass man sich über ihn lustig macht, sondern er ruft es aus ehrlichstem innerem Erstaunen, wie jemand, der weiß, wovon die Rede ist.

Eisenfuß stürzt rasch einen Schluck Rum herunter und setzt den Becher mit einem Knall auf dem Tisch ab. «Und dann hast du dir Helfer und Hintermänner gesucht, die für dich das Silber bergen sollen!»

Diesmal ist es Randolf, der ihn erstaunt anblickt. Das Silber bergen? Auf die Idee war er bislang wirklich nicht gekommen. Das also planen die Piraten! Das silberne Segel zerstören, zerkleinern und das Silber einschmelzen! Darum hatte Eisenfuß den Waffenschmied gefragt, ob er eine ganze Schiffsladung Silber einschmelzen könnte …

Randolf seufzt heimlich erleichtert auf. Das Gespräch scheint weniger schlimm zu werden, als er befürchtet hat. Er atmet einmal tief durch: «Wer würde mir schon glauben oder mir gar ein Schiff ausrüsten – so wie ich aussehe? Nein, Hintermänner oder Geldgeber konnte ich nicht gewinnen. Ich suche auf eigene Faust.»

«Barfuß? Ohne Geld? In einer Wolfsfellhose?» Eisenfuß lacht.

«Ich hab davon geträumt, wie es ist, das silberne Segel zu reiten. Das muss ein phantastisches Gefühl sein. Darum hab ich mich auf den Weg gemacht. Wenn wir beide dasselbe Ziel haben, können wir doch zusammenarbeiten. Vielleicht träume ich wieder, und das hilft dann uns beiden.»

«Reiten? Du willst es nur *reiten*?»

«Es ist, als ob es dann keine Angst mehr gibt. Ich habe mich noch nie so frei und so glücklich gefühlt wie in diesem Traum.»

Plötzlich weiß Randolf, dass sein Vater im Traum nicht gerufen hat: «Reite das silberne Segel», sondern: «Rette das silberne Segel! Es ist in Gefahr!» Aber das behält er lieber für sich.

«Was hast du noch im Traum gesehen? Welche Bilder, welche –» Eisenfuß unterbricht sich. Wollte er «Schrift» oder «Amulette» sagen?

«Ich sah meinen Vater. Er hat schon früher davon geträumt, das silberne Segel zu suchen, aber er hat es nie geschafft, sich auf den Weg zu machen.»

«Hast du auch geträumt, dass du nach Glückstadt gehen musstest, um mich zu finden?»

«Nein», gibt Randolf freimütig zu. «In einem Gasthof habe ich mich mit einem wandernden Waffenschmied angefreundet. Er war dabei, ein Medaillon aus Kupferblech zu machen –»

«Mit einer Schrift?», fällt Eisenfuß ihm ins Wort.

«Nein. Einfach nur so, er saß am Kamin und schnitzte ein Medaillon ohne Schrift. Er erzählte mir aber, dass er mal für einen Kapitän in Glückstadt ein ähnliches Stück angefertigt hat, mit irgendeiner wirren Inschrift, die er nicht behalten konnte. Und das erschien mir merkwürdig, denn kurz vorher hatte ich selber im Traum vom silbernen Segel ein seltsames Amulett aus Kupferblech gesehen. Auch darauf war eine wirre, sinnlose Inschrift, an die ich mich beim Aufwachen nicht mehr erinnern konnte. Ich weiß nur noch, dass darin die Worte ‹Mut› und ‹Tod› vorkamen.»

Eisenfuß schaut ihn lange nachdenklich an. «Ich glaube kaum, dass du dir das ausgedacht hast», sagt er schließlich. «Willkommen an Bord der *Kralle*, Schiffsjunge! Wenn du wieder was träumst, sag mir Bescheid. Für einen guten Hinweis, der uns zum Ziel führt, verspreche ich dir so eine Kiste voll Silber.» Er zeigt auf eine große Seemannskiste an der Wand. «Damit bist du dein Leben lang ein reicher Mann. Aber wehe, du arbeitest gegen mich! Das wäre dein Todesurteil. Nur, damit wir uns verstehen.»

Randolf steht auf und gibt ihm mit ernster Miene die Hand. «Ich habe verstanden, Käpten», sagt er. «Wo ist ab jetzt mein Schlafplatz auf diesem Schiff?»

«Unten bei der Mannschaft. – Daddeldu!», brüllt er plötzlich mit lauter Stimme, und die Tür zur Kapitänskajüte wird aufgerissen. Im Türrahmen steht der unterwürfige Steuermann.

«Zeig unserm neuen Schiffsjungen sein Quartier! Erklärt ihm, was es an Bord zu tun gibt und wie es getan werden muss. Er ist zwar 'ne Landratte, aber ich trau ihm zu, dass er schnell lernt. Und gebt ihm was Vernünftiges zu essen!»

«Ay, ay, Käpten!» Mit einer demütigen Verbeugung nimmt Steuermann Daddeldu die Befehle entgegen und führt Randolf übers Deck zur Kombüse, wo es nach würzigem Essen riecht.

Randolf ist mit sich zufrieden, als er die Suppe löffelt. Seine Geistesgegenwart hat ihn gerettet: Eisenfuß betrachtet ihn nicht mehr als Feind.

Aber das wird er tun, sobald er Randolfs Amulett sieht! Dann weiß er, dass Randolf ihn angelogen und ihm etwas verschwiegen habe. Und er wird vermuten, dass er noch mehr weiß …

Am liebsten würde Randolf sein Amulett verschwinden lassen. Aber wie? Dieser Eisenfuß ist mit allen Wassern gewaschen, er darf ihn nicht unterschätzen. Dass er ein hervorragender Kapitän ist, hat er beim Sturm in Glückstadt gezeigt. Er wird sein Schiff ganz genau kennen. Ein Versteck, das ihm verborgen bleibt, wird Randolf an Bord wohl kaum finden. Also darf er nie in Gegenwart anderer sein Hemd ausziehen! Oder er muss das Amulett heimlich ins Wasser werfen. Aber wäre das klug? Vielleicht ist es zu irgendetwas nütze ...

Wohin fahren sie überhaupt? Warum hat der Käpten es so eilig? Weiß er womöglich, wo das silberne Segel zu finden ist? Und was ist mit den drei Aufgaben? Der Gaukler damals hatte erzählt, dass nur derjenige das silberne Segel finden kann, der drei Aufgaben gelöst hat. Ist Eisenfuß schon so weit? Wie kann Randolf das herausfinden?

Schon bald hat er keine Zeit mehr für Grübeleien: An Bord gibt es viel Arbeit. Die Piraten scheuchen den Schiffsjungen übers Deck, er ist für die dreckigsten und niedrigsten Arbeiten zuständig. Planken schrubben! Eimer schleppen! Taue aufwickeln!

Überall wird gearbeitet. Ein Zimmermann fertigt und repariert nötige Holzteile, ein Schmied ist für Werkzeuge und Eisenarbeiten zuständig. Segeltuch wird geflickt, Taue werden geknüpft – und jeder ruft nach einem Handlanger, der ihm eben mal schnell etwas holen oder bringen soll. Manchmal kommt Randolf kaum zum Luftschöpfen.

«Was trödelst du immer so lange!»

«Nun mach mal ’n bisschen dalli!»

«Stell dich nicht so döschig an – ich hab dir schon hundertmal erklärt, wo du den Eimer abstellen sollst!»

Von allen Seiten wird ihm gezeigt, dass er als Schiffsjunge der Letzte an Bord ist.

Und immer wieder kommt es vor, dass ihm ein Pirat ohne Grund einen rauen Klaps versetzt, einen harten Stoß in die Rippen oder einen schmerzhaften Schlag in den Bauch, eben mal so im Vorbeigehen.

Und immer wieder wird damit gedroht, ihn unten im Laderaum bei den Ratten einzusperren.

«Warte nur, bis du zu den Ratten kommst!»

Wenn Eisenfuß ihn sieht, heißt es meistens: «Hast du gerade nichts zu tun? Dann geh Kanonen putzen!»

Die Kanonen müssen immer geputzt werden. Es sind gewaltige, schwere Kanonen, wie Randolf sie noch nie gesehen hat. Sechs auf der Backbordseite und sechs steuerbord. Sie glänzen und blinken wie neu. Jeden Morgen kontrolliert Eisenfuß, ob die Lager geölt und geschmiert sind und ob sich die Kanonen darin leicht und schnell bewegen lassen. Jeden Tag kann es passieren, dass er eine Schießübung befiehlt.

Die Piraten behandeln ihren Kapitän wie einen grausamen König, den sie zu gleicher Zeit verehren und fürchten.

Nachts ist Randolf so müde, dass er sofort in seiner Hängematte einschläft. Die Hängematte schaukelt hin und her, aber das ist ihm gleichgültig. Auch die abgestandene Luft im Schlafquartier der Piraten unter Deck hält ihn nicht vom Schlafen ab.

Nach ein paar Tagen kennt er sich auf dem Schiff aus.

Er weiß, wie die einzelnen Werkzeuge genannt werden und wo sie hingehören, er lernt, Netze für den Fischfang zu flicken, er kann mit Teer, mit Öl und mit Schmiere umgehen, und er kann unterscheiden, ob Aufträge ernst gemeint sind oder ob sich die Männer mit ihm einen Scherz erlauben.

Anfangs glaubte er, der Koch Smutje wolle ihn auf den Arm nehmen, als er ihm auftrug, zu den Hühnern zu gehen und Eier zu holen. Aber an Bord befindet sich tatsächlich ein Hühnerstall. Die Piraten essen gern Eier und ab und zu ein Suppenhuhn. Sogar zwei Schweine fristen ihr Leben unter Deck, bis sie eines Tages auf hoher See geschlachtet werden. Niemand weiß, wie lange die Fahrt dauern wird, und man versucht, den Zeitpunkt hinauszuschieben, wo es nur noch Schiffszwieback, Fisch und salziges Pökelfleisch geben wird.

Am meisten freut sich Randolf, wenn er eingeteilt wird, um Netze zu flicken. Zwar ist die Arbeit mühselig und geht langsam von der Hand – jeder kleine Knoten muss einzeln geknüpft werden, und die rauen Fäden schneiden zuweilen empfindlich in die Haut –, aber er kann sich dabei mit dem alten Dok unterhalten.

Gleich beim ersten Mal hatte er gespürt, dass dieser Netzflicker anders ist als alle anderen an Bord. Nicht nur weil er keinen Bart trägt und schon weißes Haar hat. Der alte Dok hat Randolf noch nie im Vorbeigehen geschubst oder gestoßen. Er bekommt auch von den anderen keine Schläge. Dok hält sich meistens abseits bei seinen Netzen auf, drängelt nicht bei der Essensausgabe und hat meistens ein zufriedenes Lächeln im Gesicht.

Nachdem Randolf ein paar Mal Stunde um Stunde schweigend neben ihm gesessen und Netze geflickt hat, fragt er ihn eines Tages: «Die anderen nennen Euch Dok. Ist das Euer richtiger Name?»

Er erntet ein munteres, fröhliches Lachen. «Komischer Name, was? Dok ist die Abkürzung für Doktor. Und du kannst auch ruhig Dok zu mir sagen.»

Er ist tatsächlich ein richtiger Doktor. Früher lebte er als Arzt in einer Hafenstadt in England namens Southampton.

«Es wurde mein Schicksal, dass damals ausgerechnet in meiner Stadt dieser berüchtigte Piratenkapitän zur Strecke gebracht wurde», erzählt der alte Dok. Wie er die Worte ausspricht! Randolf könnte ihm stundenlang zuhören. Seine Aussprache verrät den Engländer, mit ganz weich gesprochenen R-Lauten und eigentümlicher Sprachmelodie.

«Der Mann wurde in der ganzen Welt gesucht – und ausgerechnet in Southampton hatte man ihn eingekerkert. Er war überall zum Tode verurteilt worden, in London, in Hamburg, in Lissabon, in großen Hafenstädten in der ganzen Welt. Aber keine Stadt konnte ihn dingfest machen und die Urteile vollstrecken. Bis er in unsere Stadt kam. In unseren Mauern wurde er gefasst, in unserem Kerker hat man ihn an die Kette gelegt, und auf unserem Marktplatz baute der Henker mit seinen Helfern den Galgen auf. Einen Tag später machten sie lange Gesichter. Der Käpten ist ein zäher Hund. Als er das Beil zugesteckt bekam und sich seinen Fuß abhackte, warteten schon seine Leute und brachten ihn zurück aufs Schiff. Und mich haben sie ganz einfach mitgenommen.»

«Entführt?»

Dok nickt. «Damit ich ihm sein kaputtes Bein versorge. Die ersten Jahre habe ich immer wieder versucht zu fliehen, aber jedes Mal hat Eisenfuß mich dann doch noch erwischt, egal, wo ich mich verstecken wollte.»

«Und nun bleibt Ihr einfach auf dem Schiff und lächelt? Als Gefangener?»

Dok seufzt. «Das wirst du vielleicht nicht verstehen, Junge. Eines Tages habe ich begriffen, dass dieses hier wohl wirklich mein Schicksal ist. Hier werde ich gebraucht, und hier kann ich helfen. Diese armen Teufel hätten sonst niemanden, der sie bei Krankheiten und bei Verletzungen versorgen könnte. Sie würden wegsterben wie die Fliegen. Nun bin ich eben kein Landarzt mehr, sondern Schiffsarzt auf der *Kralle*.»

«Arme Teufel nennt Ihr dieses Pack?», ruft Randolf empört. «Das sind ganz üble Kerle! Hinterhältig und gemein!»

«Ich bin kein Richter, sondern Arzt. Es sind Menschen. Jeder wurde eines Tages durch irgendein Unglück aus der Bahn geworfen. Sie wurden vertrieben, verstoßen und verjagt. Ein anderes Leben als dieses bleibt ihnen nicht übrig. Ob das immer ihre eigene Schuld ist oder nicht – wie soll ich das beurteilen?»

«Und neulich in Glückstadt, als Ihr so lange an Land wart – habt Ihr da kein einziges Mal an Flucht gedacht? Wollt Ihr bis an Euer Lebensende hier bleiben?»

Wieder lächelt der alte Dok, und seine Runzeln und Fältchen um die Augen herum bilden strahlende kleine Sonnen. «Das war ein Spaß in Glückstadt! Alle verkleidet wie beim Karneval, und keiner hat was gemerkt!» Dann wird sein Gesicht ernster. Er schaut eine Weile übers Meer und setzt dann leise hinzu: «Doch, Junge, an Flucht hab ich so manches Mal gedacht. Aber jedes Mal hielt mich etwas zurück. So, als ob ich hier an Bord noch eine wichtige Aufgabe zu erfüllen habe.»

Randolf schweigt. Er arbeitet an seinem Netz.

Wenn er verstohlen den Dok betrachtet, der neben ihm arbeitet, staunt er immer wieder, wie heiter und friedlich dieser Mann seine Arbeit macht. Aufmerksam, sorgfältig, Knoten für Knoten. Ruhig, gelassen und gleichmütig. Er scheint mit sich und der Welt zufrieden zu sein.

«Was war eigentlich in diesen großen Kisten von der Schmiede, die in Glückstadt an Bord kamen?»

«Die neuen Kanonen! Weißt du das nicht? – Ach nein», verbessert er sich, «du warst ja die ersten Tage unter Deck eingesperrt, als sie montiert wurden. Es sind die besten und genauesten Kanonen, die man nur finden kann. Auf eine Seemeile Entfernung treffen sie eine Kokosnuss am Baum. Eisenfuß ist so stolz darauf, als hätte er sie selbst erfunden. Um sie zu bekommen, hat er sogar riskiert, dass er wieder eingefangen wird. Zweimal ist er nach Glückstadt gekommen, einmal, um die Kanonen zu bestellen, und neulich wieder zum Abholen. Drei Tage mussten wir warten und steckten im Hafen fest. Ein tollkühnes Unterfangen.»

«Hat denn wirklich niemand Eisenfuß erkannt?», fragt Randolf ungläubig. «Sogar Guntram und mir ist doch sofort aufgefallen, wie merkwürdig dieser Kapitän ist.»

Dok lacht verschmitzt. «Ihr jungen Leute habt ja auch noch einen Blick für die wesentlichen Dinge im Leben, aber die Erwachsenen gucken nur auf Abzeichen und Uniformknöpfe – und auf den Geldbeutel. Viele andere Kapitäne haben ja auch Dreck am Stecken, auch manche Kaufleute, und sind verwickelt in höchst zwielichtige Geschäfte. Sklavenhandel, Waffenschmuggel ... Aber solange jemand eine gebügelte Uniform mit goldenen Knöpfen trägt und gut bezahlte Aufträge gibt, so lange ziehen viele es vor, dem Karneval zu glauben. Ist zwar kaum zu glauben, aber es ist so.» Er kichert fröhlich.

«Und die Piraten? Ordnen die sich alle dem Käpten unter, ohne zu mucken? Oder hat mal jemand versucht, ihn abzumurksen?»

«Sie wissen, dass sie von Eisenfuß besser beschützt werden als irgendwo anders. Als Kapitän hat er seiner Mannschaft schon mehrmals das Leben gerettet.»

«Weil er sich selbst retten wollte!»

«Alle leben noch, und dafür sind sie Eisenfuß dankbar.»

Auch die anderen Piraten lernt Randolf nach und nach kennen:

Daddeldu, den unterwürfigen Steuermann, der sich vor der Mannschaft gerne aufplustert und furchtbar wichtig tut; Morten, den Schmied, der gerne Rum trinkt, dabei aber oft die Beherrschung verliert und sich mit den anderen prügelt; den Schiffszimmermann Luis, der immer zu fröhlichen Scherzen aufgelegt ist; Zach, den lispelnden Segelmacher oder den Österreicher Bänki, der aus Versehen einen Kameraden erstochen hat und fliehen musste.

Smutje, der Koch, steckt meistens in der Kombüse und zeigt sich selten an Deck. Er ist ein gemütlicher, umgänglicher Mann, der Randolf auch mal nebenbei einen Bissen zusteckt. Solange noch genug da ist. Nach einigen Wochen auf See sind die Tiere geschlachtet und aufgegessen. Auch Pökelfleisch und sogar Schiffszwieback werden allmählich knapp. Immer öfter gibt es nur den Fisch zu essen, den die Männer gefangen haben. Immer öfter wird gefischt, und immer öfter wird Randolf zum Netzflicken eingeteilt.

12. Kapitel

# Im Maul des Fisches

Es gibt Fisch zum Frühstück, Fisch zum Mittagessen, und als Abendbrot serviert Smutje Fisch. Bald ist Randolf nicht mehr der Einzige, dem schon übel wird, wenn er Fisch nur von weitem riecht.

«Frühstück, Leute!», ruft Smutje und hebt den Deckel von einem riesengroßen Kochtopf.

Die Piraten schnuppern und verdrehen die Augen. «Fisch!»

Mittags schleppt Smutje ein Tablett an, auf dem sich ein Haufen gebratener Fische türmt.

«Nicht schon wieder Fisch!»

Was beinahe noch schlimmer ist: Auch das Trinkwasser wird allmählich knapp. Vom vielen Fisch bekommen die Männer Durst, aber die Wasserrationen, die Smutje austeilt, werden jeden Tag kleiner. Heiß und gnadenlos brennt die Sonne des Südens, die Planken sind aufgeheizt und kühlen sich selbst nachts kaum ab. Seit Tagen steht kein Wölkchen am Himmel, und die Tonnen zum Auffangen des Regenwassers sind ausgetrocknet. Trotzdem weicht Eisenfuß nicht vom Kurs ab, er scheucht die Männer bei der Arbeit und tut so, als spüre er den wachsenden Unmut der Mannschaft nicht.

Als für ein paar Tage völlige Flaute herrscht und die *Kralle* wie gelähmt unter der glühenden Sonne dahindümpelt – ohne die Erfrischung durch einen Lufthauch, sei er auch noch so schwach –, steigert sich der Unmut zur Wut. Es wird nicht mehr gescherzt und gelacht, alle rempeln, stoßen und schlagen sich mutwillig gegenseitig.

Auch der endlich auffrischende Wind beendet nur die Untätigkeit, nicht die Wut.

«Segel setzen! Alle Mann an Deck!»

Schweigend gehen die Männer an die Arbeit.

Sogar das Gesicht des munteren Luis hat sich verfinstert, und er arbeitet wie alle anderen mit zusammengebissenen Zähnen.

Abends gibt es Fischsuppe.

Daddeldu schwingt die Suppenkelle gegen Smutje, als wolle er ihn erschlagen.

TOCK, TOCK, TOCK! stampft der eiserne Fuß über die Bordplanken. «Daddeldu!», ruft Eisenfuß, und der Steuermann eilt diensteifrig heran. «Ja, Käpten?»

«Wenn dir der Fisch nicht schmeckt, Daddeldu, darfst du dir gern eine Ratte braten. Unten im Frachtraum!»

«Nicht zu den Ratten, Käpten!» Daddeldus Hände beginnen zu flattern wie die Flügel eines erschreckten Huhns. «Nicht zu den Ratten! Ich hab nichts gesagt, Käpten! Wirklich nicht!»

«Na, dann ist ja gut.» Eisenfuß hält ihm am ausgestreckten Arm einen Fisch hin wie ein Tierwärter, der einen Seehund füttert, und Daddeldu schnappt mit dem Mund danach wie ein gehorsames, abgerichtetes Tier.

Um nicht zu verhungern, würgt auch Randolf Tag für Tag seine Fischportion herunter. Den ganzen Tag schmeckt er im Mund einen salzigen Fischgeschmack. Auch beim Netzflicken riecht es nach Fisch. Wenn die Netze beim Fischfang an Bord gezogen werden, sind sie häufig zerbissen von scharfen Raubfischzähnen und müssen oft geflickt werden.

Randolf flickt gern Netze. Dabei kann er seine Gedanken spazieren gehen lassen und ordnen.

Eisenfuß hält sich nicht damit auf, die Reisewege der Handelsschiffe zu kreuzen. Obwohl alle Hunger haben, denkt er nicht daran, irgendwo Nahrung zu erbeuten. Die *Kralle* segelt auf so abgelegener Route, dass ihnen wochenlang kein einziges Schiff begegnet.

Der Käpten steuert auf eine Insel in der Südsee zu. Dort will er einen geheimnisvollen Medizinmann namens Usibepu an Bord holen – das hat Randolf bei einem Gespräch mit Zach und Bänki erfahren. Offenbar soll dieser Medizinmann ihm beim Auffinden des silbernen Segels helfen, überlegt Randolf. Aber wie?

Und was ist Randolfs Aufgabe auf dieser Reise? Wie kann er den Raubzug verhindern? Der alte Dok würde ihm vielleicht helfen. Aber zu zweit gegen die ganze Mannschaft?

Randolfs Finger arbeiten schon automatisch. Er lässt

den Blick übers Wasser schweifen und überlegt, auf welche Weise er von irgendwoher Hilfe bekommen könnte.

Im Traum hatte er letzte Nacht ein fremdes Gesicht gesehen. Ein südländisches Mädchen sagte: «Die dritte Aufgabe ist die schwerste. Aber du wirst Hilfe haben, wenn du die ersten beiden gelöst hast …»

Er versucht, sich an das Gesicht dieses südländischen Mädchens zu erinnern. Wie hatte sie ausgesehen? Auf der Stirn trug sie einen dunklen, gemalten Punkt …

Aber wieder und wieder schiebt sich Lillis Bild dazwischen. Schon oft hat er sich gefragt, wie es Lilli wohl inzwischen ergangen sein mag. Immer wieder wandern seine Gedanken zu der kleinen Stadt an der Elbe, wo er Lilli nach einer letzten Umarmung zurückgelassen hat …

«Wozu braucht ein Piratenkapitän einen Eingeborenen-Zauberer?», fragt Randolf den Dok eines Nachmittags.

Dok näht mit feinen Stichen eine zerrissene Masche zu Ende, dann lässt er die Arbeit sinken, streicht sich eine weiße Haarsträhne aus der Stirn. «Über seine Pläne spricht Eisenfuß nie. Aber ich mache mir meine Gedanken.»

Randolf schaut ihn an und sagt vorsichtig: «Daddeldu meint, es geht um einen sagenhaften Silberschatz.»

Dok nickt. «Davon wird gemunkelt, und es hängt wohl damit zusammen. Ich denke, dass dieser Usibepu dem Käpten helfen soll, ein bestimmtes Rätsel zu lösen.» Er greift wieder nach dem Netz.

Randolf schaut ihn von der Seite an. Er fühlt, dass der alte Dok mehr weiß, als er zugeben mag. Wie kann er sein Vertrauen gewinnen, damit er sein Geheimnis mit Randolf teilt?

Ich muss ihm als Erster vertrauen, denkt Randolf plötzlich, als ihre Blicke sich treffen und Randolf in diese klaren, leuchtenden Augen blickt.

Vorsichtig lugt er nach allen Seiten. Offenbar ist kein ungebetener Zuhörer in der Nähe. Er zieht sein Amulett am Lederband hervor und zeigt es dem Dok. «Hängt das Rätsel vielleicht mit so einem Amulett zusammen?»

Dok lässt überrascht das Netz fallen und vergisst den großen toten Fisch, den er gerade herausschneiden wollte. «Wo hast du das her?», flüstert er aufgeregt. «So ein Amulett hat Eisenfuß auch!»

«Ich weiß.» Randolf erzählt ihm von der Nacht im Gasthaus mit dem Waffenschmied und dem Dämon. Dabei kratzt er sich hinten am Hals. An der Stelle, wo ihn damals das böse Insekt gestochen hatte, ist eine kleine, kreisrunde Narbe zurückgeblieben, die immer noch ab und zu juckt. Er fragt: «Habt Ihr das Amulett von Eisenfuß gesehen? Konntet Ihr die Inschrift lesen?»

Dok nickt. «Das ist noch gar nicht lange her. Der Käpten hatte sich verletzt, er war betrunken gegen eine spitze Kante gestolpert. Seine Brust blutete, und ich musste ihm das Hemd aufreißen. Benebelt, wie er war, hat er das Amulett nicht mehr rechtzeitig vor mir versteckt. Er wollte nie, dass ich es sehe. Als ich mal danach fragte, gab er nur mürrisch zur Antwort, es sei ein altes Familienerbstück. Aber er trägt es noch nicht lange, vielleicht ein paar Monate.»

Randolf kann seine Ungeduld nicht zügeln. Mit dem Fuß stößt er den großen toten Fisch im Netz beiseite, damit ihn die glasigen Augen nicht mehr anstarren. «Stehen bei ihm wirklich die Worte ‹Mut› und ‹Tod›? Habt Ihr Euch den Spruch ganz genau merken können oder nur ungefähr?»

Dok sagt verwundert: «Du weißt schon eine ganze Menge. Bei ihm heißt es: *Traum! zu herrschen und Tod?* Mit Fragezeichen. Und dann, in großen Buchstaben und mit Ausrufungszeichen: *MUT!*»

«Wie waren die Worte angeordnet? Auch untereinander, wie bei mir?»

Dok nickt. «In der ersten Zeile steht nur *Traum*. Dann *zu herrschen*. Die dritte Zeile heißt *und Tod?*. Und schließlich nur *MUT*.»

Randolf wiederholt sich diese Worte immer wieder im Kopf, um sie nicht zu vergessen.

Dok studiert aufmerksam die Schrift auf Randolfs Amulett und murmelt sie vor sich hin.

> «*Folge dem*
> *Wer lernt*
> *über Leben*
> *GLEICH …*

Man sollte beide nebeneinander lesen. Ergibt das einen Sinn?»

Randolf sagt die Zeilen nacheinander auf, immer erst

eine Zeile von Eisenfuß und dann eine von ihm: «*Traum! – folge dem – zu herrschen – wer lernt – und Tod? – über Leben – MUT – GLEICH* … Nein, das ist Unsinn. Wie klingt es andersrum? Erst eine Zeile von mir, dann von Eisenfuß?»

Beide sprechen im Chor den vollständigen Rätselspruch:

> *«Folge dem Traum!*
> *Wer lernt zu herrschen über Leben und Tod?*
> *Gleich Mut!»*

Plötzlich erhascht Randolf einen Blick vom Steuermann, der triumphierend in Richtung Kapitänskajüte verschwindet. «Daddeldu!», zischt er wütend. «Ob er uns belauscht hat?»

«Es kann nicht schaden, wenn wir dein Amulett verstecken», rät Dok. Er greift danach und stopft es in das Maul des großen toten Fisches im Netz.

Randolfs Herz pocht. «Wenn Eisenfuß gleich auftaucht, wissen wir Bescheid», sagt er grimmig.

Dok überlegt. «Wir müssen einen kühlen Kopf bewahren.»

«Jajajaja!», zischt Randolf wütend. Am liebsten würde er sagen: «Haltet die Klappe!» Ihm ist ganz flau im Magen. Eine Flut von Gedanken spült und spritzt durch seinen Kopf. Hätte er besser aufgepasst! Hätte Dok besser aufgepasst! Daddeldu sah so aus, als ob er gleich eine dicke Belohnung kriegt. Er hat alles gehört. Wegfliegen! Fliehen! Hier auf dem Schiff ist er Eisenfuß ausgeliefert … Hätten sie doch Daddeldu abgefangen, bevor er zur Kapitänskajüte –

«Folge dem Traum …», sagt Dok. «Ich denke, das ist die erste Aufgabe, und die habt ihr beide erfüllt …»

Randolf nickt matt, er mag kaum zuhören. Was wird Eisenfuß tun, wenn er hört, dass – aber vielleicht hat Daddeldu gar nichts gehört! Ja! Er ging nur ganz zufällig zu Eisenfuß, weil er –

«… indem ihr die Amulette aus dem Traum in die Wirklichkeit gebracht habt», fährt Dok fort. «Weil ihr beide eure Träume ernst nehmt, seid ihr beide auf der Suche nach dem silbernen Segel.»

«Aber er will es zerstören!», ruft Randolf. Plötzlich sieht er genau, was Eisenfuß tun wird: Er wird ihn töten. Jetzt, wo er den ganzen Spruch kennt, ist Randolf für ihn doch nur noch unnützer Ballast an Bord!

«Darum geht es vielleicht nicht. Tatsache ist: Er hat sich, genau wie du, auf die Suche gemacht, und damit folgt er seinem Traum.»

«Also eins zu eins für uns beide?» Randolf bringt ein verkniffenes Lächeln zustande.

«Jeder von euch hat die erste Aufgabe gelöst, ohne sie zu kennen», stellt Dok fest. «Die zweite heißt: Lerne, zu herrschen über Leben und Tod.»

Randolf beginnt sich ein wenig zu entspannen. Vielleicht hat Daddeldu tatsächlich nichts gehört – und dann kennt nur er die zweite Aufgabe! Eisenfuß ist im Nachteil. «Aber wie soll ich über Leben und Tod herrschen?» Fragend sieht er Dok an.

Der zwinkert listig mit den Augen, lehnt sich zurück und schaut übers Wasser. «Es muss einen Grund geben, warum diese Aufgabe als Frage formuliert ist … Die beiden anderen haben ein Ausrufungszeichen, und nur die zweite ist eine Frage: ‹Wer lernt zu herrschen über Leben und –›»

TOCK! TOCK!, reißt sie das Stampfen des eisernen Fußes aus ihren Gedanken.

«Der Käptn!», flüstert Dok erschrocken.

Beide beugen sich in vorgetäuschtem Arbeitseifer über ihre Netze.

«Er kommt genau auf uns zu», flüstert Randolf, «und Daddeldu wieselt schadenfroh um ihn herum.»

TOCK! TOCK! TOCK!

Eisenfuß bleibt vor Randolf stehen. Er spricht mit übertriebener Freundlichkeit, hinter der ein unterdrückter Zorn lauert. «Ich vermute, dass es dich schon seit langem drängt, mir endlich mal den schönen Schmuck zu zeigen, den du am Hals trägst – sicher hast du es nur bisher vergessen … Und auch unsere Abmachung hast du vergessen!» Seine Augen funkeln.

«Unter seinem Hemd, Käpten!», ruft Daddeldu. «Ich hab's genau gesehen!»

Zitternd steht Randolf auf. Aber er ist plötzlich vollkommen klar. Geradezu unwirklich klar. Im Inneren fühlt er sich, als sei er zu Eis erstarrt. Schweigend zieht er sein Hemd aus.

Neugierig kommen andere Piraten herbei und schauen zu.

«Durchsucht den Dok!», befiehlt Eisenfuß plötzlich.

Zwei Piraten gehorchen.

«Er hat das Amulett über Bord geworfen», sagt Dok, «ich hab's gesehen.» Sein Körper und seine Kleidung werden sorgfältig abgetastet, ohne Ergebnis.

Randolf hat sich sein Hemd wieder angezogen. «Wir beide wissen nun gleich viel», sagt er zu Eisenfuß, «wir sollten gemeinsam herausfinden, was der Spruch wirklich zu bedeuten hat.»

«Lerne zu herrschen über Leben und Tod!», kreischt Daddeldu. «Das hast du zwar oft genug bewiesen, Käpten. Und wenn du diesen Burschen einfach über Bord gehen lässt ... Ich hab draußen Haie gesehen!»

Eisenfuß schüttelt nachdenklich den Kopf. «Womöglich weiß der Kerl mehr, als er zugibt. Dann brauchen wir ihn noch.» Mit einem boshaften Blick mustert er Randolf. «Vielleicht möchtest du mir gern alles erzählen, was du weißt, und kannst dich nur im Augenblick nicht daran erinnern. Es kann auf keinen Fall schaden, wenn die Ratten dich ein bisschen anknabbern. Das hilft immer, um ein müdes Gedächtnis zu erfrischen.»

Ein rascher Wink, und Randolf wird von zwei Seiten gepackt.

Dok schaut ihn bestürzt an.

Beide wissen, dass es besser ist zu schweigen.

Es hätte keinen Sinn, Eisenfuß zu widersprechen, sagen Doks Augen.

Und sein beruhigendes Nicken bedeutet: «Ich pass auf dein Amulett auf, keine Sorge.»

Randolf wird zur Luke des Laderaums geschleift.

Daddeldu öffnet mit hämischem Grinsen die Klappe der Ladeluke. «Dem Letzten wurde der Hintern bis auf die Knochen abgenagt!»

Ein Tritt von hinten, Randolf verliert das Gleichgewicht und stürzt ins bodenlose Dunkel.

## 13. Kapitel

# Ein Todesurteil

Stöhnend richtet Randolf sich auf.

Prellungen, der ganze Körper schmerzt. Aber er hat Glück gehabt: Es scheint nichts gebrochen zu sein.

Alles um ihn herum ist dunkel. Noch nicht einmal von der Ladeluke über ihm scheint ein schwacher Lichtschein zu ihm herunter. Gedämpft kann er die Stimmen über seinem Kopf vernehmen.

Randolf hat gute Ohren. Und nach den Wochen auf See kann er die Stimmen der Piraten unterscheiden.

Er hört, wie sich Kapitän Eisenfuß und sein Steuermann unterhalten. Gerade sagt Daddeldu: «Jetzt, wo wir den Spruch von beiden Hälften kennen, brauchen wir keinen Usibepu mehr!»

«Ach ja?», hört Randolf die grimmige Stimme von Eisenfuß. «Erzähl!»

«Wir wissen, wie die drei Aufgaben heißen – und du hast sie alle drei gelöst.» Er kichert. «Aufgabe eins sowieso. Folge dem Traum. Und dass du immer gleich sofort Mut hast – Aufgabe drei –, das hast du genauso oft bewiesen wie Nummer zwei, zu herrschen über Leben und Tod.»

«Dann zeig mir, wo du das silberne Segel siehst!», bellt Eisenfuß ihn an. «Es heißt, dass es sich demjenigen zeigt, der die drei Aufgaben bewältigt hat!»

Daddeldu bleibt stumm. Offenbar fällt ihm keine Antwort mehr ein.

Randolf hört die ungleichmäßigen Schritte über seinem Kopf poltern. Dann bleibt Eisenfuß plötzlich stehen.

«Moin, Smutje!», knurrt der Kapitän den Schiffskoch an, der offenbar an Deck gekommen ist. «Man sieht dich ja kaum noch an Deck. Steckst immer in der Kombüse, was?»

«Jaja – so viele hungrige Mäuler zu stopfen …», erkennt Randolf die fistelige Stimme des dicken Kochs.

«Bist ja prächtig dick geworden, Smutje», schnarrt Eisenfuß jetzt. «Deine Jacke spannt sich so stramm über deinem Wanst, dass bald die Knöpfe platzen!»

Der Schiffskoch tritt unbehaglich von einem Fuß auf den anderen. «Äh, hab ich tatsächlich zugenommen? Das muss ich von meiner Mutter geerbt haben, die war auch recht füllig …»

«Deine Mutter, ach so.» In der Stimme des Käptens schwingt eine eisige Schärfe. «Wir alle hungern und werden von Tag zu Tag dünner und magerer, meine Jacke schlottert schon –»

«Wir müssen einteilen. Die Vorräte sind seit langem knapp!»

«… und nur du wirst dicker und dicker, weil du eine füllige Mutter hattest! Du wirst doch nicht die alte Regel für Schiffsköche vergessen haben? Wie heißt die?»

Smutjes Stimme zittert, als er antwortet: «Wi-wird es knapp, da-dann hungern alle!»

Die Stimme des Kapitäns senkt sich bedrohlich. «Ganz genau. Wird es knapp, dann hungern alle! Alle, hä?»

Er packt den Koch an der Jacke und greift in die ausgebeulte Tasche. «Und was ist das hier in deiner Tasche? Kekse! Seit Wochen hat keiner von uns Kekse an Bord gesehen!»

Sein Ruf gellt übers ganze Schiff: «Her mit dem Brett!»

«Das Brett?»

«Das Brett!», tönt es wie ein Echo von den Piraten.

«Nein!», schreit Smutje, und sein Kreischen ist nur mehr ein Quietschen. «Nicht das Brett!»

Unten im Schiffsbauch, im dunklen Gefängnis des Frachtraums, hört Randolf das aufgeregte Trappeln und Trampeln der Füße über ihm. Das Brett! Das bedeutet den sicheren Tod des Schiffskochs. Randolf hört, wie die Piraten begeistert eine lange, schwere Planke herbeischleppen, die sie wie ein Sprungbrett am Schiffsrand befestigen.

Ihre ganze Wut über die letzten Wochen, in denen es nichts als Fisch zu essen gab, scheint sich jetzt auf den Schiffskoch zu entladen. Alle haben sich an Deck versammelt und erwarten freudig erregt das Spektakel der Hinrichtung.

Eisenfuß gibt Zach und Daddeldu einen Befehl.

«Ich w-w-werd's auch nie wieder tun», stammelt Smutje mit heiserer Stimme, als er zum Sprungbrett gezerrt wird.

«Du kennst die Regeln. Rauf hier!», bestimmt Eisenfuß mit gnadenloser Härte. «Ich herrsche über Leben und Tod!»

«Ge-ge-gestern hab ich im Wasser – Ha-Haie! Ich hab Haie gesehn …», stottert Smutje.

Die Männer lachen.

«Du hast zuerst genascht! Jetzt sind die Haie dran!», stellt Eisenfuß ohne Erbarmen fest.

«Gib den Haien was zu knabbern! Gib den Haien was zu knabbern!», skandieren die aufgestachelten Piraten.

Plötzlich hört Randolf, wie Bänki im Ausguck schreit: «Schiff voraus! Steuerbord!»

Hinter der Landzunge hat sich offenbar ein Handelsschiff hervorgeschoben.

«Gib mir das Fernrohr», befiehlt Eisenfuß. «Tatsächlich. Das bedeutet fette Beute für uns! Holt die Flagge runter. Und legt Smutje in Ketten – für den haben wir später noch Zeit.»

Erleichtert schließt Randolf die Augen und sinkt gegen die Wand zurück.

Erschrocken reißt er die Augen wieder auf. Er weiß nicht, wie lange er geschlafen hat – es kommt ihm ewig lang vor.

Finsternis. Ringsum nichts als Schwarz.

Über ihm hört er die Männer aufgeregt hin und her laufen. Bestimmt bereiten sie sich darauf vor, das fremde

Schiff zu entern. Und er sitzt hier unten gefangen und kann nichts tun!

Plötzlich fallen ihm die Ratten ein – wo sind sie? Randolf strampelt hektisch mit den Beinen und springt auf. Nein, bisher haben sie ihn in Ruhe gelassen. Aber wie lange noch?

Randolf tastet sich vorsichtig mit ausgestreckten Händen und ausgestreckten Zehen durch das undurchdringliche Schwarz.

In einem Laderaum müssen Kisten sein. Wenn er sich einen Turm baut, hat er einen Platz, den er besser verteidigen kann, da oben können ihn die Ratten nicht so leicht erreichen …

Randolf tastet sich vorwärts, tastet nach links und nach rechts.

Nichts!

Kein Hindernis. Keine Kiste, keine Fässer.

Weiter und weiter erforscht er den dunklen Laderaum. Hier müssten doch alle möglichen Dinge gelagert sein! An einer Bordwand kommt er zum Stehen.

Kann es sein, dass der Laderaum leer ist?

Ruhig bleiben. Irgendetwas muss hier zu finden sein.

Rascher arbeitet er sich vorsichtig an den Wänden entlang durch die Dunkelheit und kämpft gegen eine aufsteigende Panik.

In einer Ecke stößt er auf einen riesigen Stapel mit zerkleinerten Hölzern. Es ist geradezu ein Berg, höher, als Randolf seine Arme ausstrecken kann. Vierzehn Schritte lang ist dieser gewaltige Haufen Brennholz.

Brennholz?

In dieser brütenden Hitze?

Natürlich! Brennholz für den Schmiedeofen! Um das Silber einzuschmelzen. Das silberne Segel. Darum auch ist der Laderaum leer: um Platz für die Beute zu haben. Plötzlich im Holz ein Rascheln und Knacken.

Stille.

Kurz ein Knistern an einer anderen Seite – und wieder Stille.

Die Ratten. Sie wohnen hier im Holzhaufen.

Vorsichtig tastet Randolf sich zurück, wo er weiß, dass ihm kein Hindernis den Weg versperrt. Das Herz klopft wie rasend. Selbst bei seiner Flucht vor den Soldaten hatte er nicht so große Angst wie jetzt. Damals gab es wenigstens einen Weg, den er laufen konnte. Hier nicht, hier ist er gefangen und den Ratten ausgeliefert, wenn sie es auf ihn abgesehen haben.

Ein Erschrecken durchrieselt ihn, als er merkt, dass er sein Messer oben bei der Arbeit liegen gelassen hat.

«Der Hintern war bis auf die Knochen abgenagt!», hört er Daddeldus Stimme.

Langsame, vorsichtige Schritte. So weit weg wie möglich vom Holzhaufen.

Sicherheitshalber nimmt er den Gürtel ab. Zur Not kann er ihn als Peitsche benutzen. Hat er noch eine andere Waffe? Das Amulett mit der Lederschnur fällt ihm ein. Ob Dok es wohl gerettet hat und aufbewahrt?, schießt es ihm kurz durch den Kopf. Es wird nach Fisch stinken.

Weiter und weiter tastet er sich durch die Finsternis, den Ledergürtel in ständiger Bereitschaft.

Es raschelt von hier –

und von da –

und von da hinten –

die Ratten folgen ihm. Randolf bleibt stehen. Auch die Ratten halten in der Bewegung inne. Randolf geht weiter, die Ratten setzen sich raschelnd in Bewegung. Von allen Seiten kommen noch mehr Ratten heran und schnüffeln in Randolfs Richtung.

Ihm bricht der Schweiß aus. Angstschweiß.

Umkehren! Er muss zum Holzhaufen! Oben raufklettern! Dann kann er sich wehren – mit Hölzern zum Schlagen oder Werfen. Aber … ist das klug? Der Haufen ist lang und breit. Auch dort können sie mich von vielen Seiten angreifen. Schlimmer noch: Das ist ihr Zuhause. Sie würden sich sofort gegen einen Eindringling verteidigen und auf ihn losspringen.

Er bleibt stehen. Sein Atem geht flach und stoßweise. Auch die Ratten sind stehen geblieben.

Wie hat er das damals bei dem Dämon gemacht? Ob der Trick auch bei Ratten klappt?

Er kann kaum denken vor Angst. Der Waffenschmied war ein Mensch, pocht ihm eine innere Stimme durch den Kopf. Dies ist etwas ganz anderes. Ratten sind vollkommen rücksichtslose, unzähmbare Bestien …

Aber er hat keine Wahl.

Er schnallt sich mit pochendem Herzen den Gürtel wieder um.

«Seht ihr, Ratten?» Seine Stimme ist kratzig und zittert. «Ich bin unbewaffnet. Ich will euch nichts tun. Ihr braucht keine Angst vor mir zu haben.»

Er setzt sich langsam auf den Boden, um nicht so zu zittern.

Können die Ratten ihn in diesem vollkommenen Schwarz überhaupt sehen? Oder riechen sie ihn nur?

«Hallo, Ratten, da hinten in der Dunkelheit …»

Er lehnt sich vorsichtig im Schneidersitz an die Wand. Langsame Bewegungen. Die Ratten nicht erschrecken. Sobald er sich bewegt, greifen sie an.

Wieder halten sie still. Undurchdringliche Finsternis.

Nur das Wasser gurgelt und platscht gegen die Bordwand.

Randolfs Herz pocht, als ob es zerspringen wird, und ihm ist ganz schwindelig vor Angst.

«Tut mir bitte nichts …», bringt er mit würgender Stimme hervor.

Die Dunkelheit zwischen ihm und den Ratten ist aufgeladen wie ein Kraftfeld voller Feindseligkeit. Randolf spürt geradezu, wie ihm eine Welle von Hass entgegenschlägt.

## 14. Kapitel
# Kräftige Nahrung

Wieder hört Randolf hoch über seinem Kopf hastiges Getrampel vieler Füße oben an Deck, er hört Rufe, Befehle, Gepolter.

Plötzlich ein gewaltiger Knall, als sei das ganze Schiff geplatzt.

Es ist ein Kanonenschuss. Jetzt hat die *Kralle* das fremde Schiff eingeholt, und die Piraten machen sich bereit zum Entern.

Johlend und mit Pistolen um sich schießend, klettern die Piraten an Bord, rennen alles über den Haufen, stoßen jeden beiseite, der sich ihnen in den Weg stellen will. Sie stürmen zu den Ladeluken. Kisten und Fässer werden jubelnd hinüber aufs Piratenschiff geschleppt.

«Pökelfleisch!»

«Rum!»

«Geräucherter Schinken!»

«Sauberes Trinkwasser!»

«Hier ist 'ne volle Kiste mit Linsen. Verdammt schwer. Brauchen wir so viele Linsen?»

«Her damit! Wer weiß, wann wir zum nächsten Mal was zu fressen finden ...»

«Mmmh – Speck!»

Nur ein Teil der Beute passt in den Vorratsraum neben der Kombüse. Als das halbe Deck der *Kralle* mit Vorräten voll gestellt ist, gebietet Eisenfuß Einhalt. «Schluss, das reicht für Wochen. Bis wir das alles aufgegessen haben, ist die Hälfte längst vergammelt!»

«Ich habe noch ein Geschenk für Euch!», ruft er dem anderen Kapitän zu. «Hier, Ihr könnt meinen nichtsnutzigen Koch haben. Ich schenke ihm das Leben! Denn ich bin der Herr über Leben und Tod!»

Die Piraten jubeln ihrem Kapitän zu. Der ist offenbar selbst in Festlaune. «Männer, jetzt geht's ans Fressen», ruft er.

Alle stürzen zu den Kisten, Fässern und Säcken. Sie greifen nach allem und beißen in alles hinein, was anders schmeckt als der ewige Fisch der letzten Tage.

Randolf hört unter Deck mit knurrendem Magen, wie sich die Piraten oben den Bauch voll schlagen und ihren Durst mit Rum löschen.

Und auf ihn warten in der Dunkelheit immer noch die Ratten.

Er hat das Gefühl, beinahe verrückt zu werden vor Angst. Wenn er sein Messer nicht bei den Netzen liegen gelassen hätte! Wenn er ein Netz über die Ratten werfen könnte! Wenn es hier irgendwo einen Ausgang gäbe …

Die unsichtbare Wolke aus Hass und Argwohn und Bosheit steht zwischen ihnen wie dicke Luft.

Und plötzlich versteht Randolf: Die Ratten riechen,

dass er nicht ehrlich ist! Er selbst strömt ja auch nur Feindseligkeit aus! Vor Angst muss er stinken wie eine Ziege vor dem Schlachtermesser. Sie wittern, dass er sie austricksen will. Aber wie kann er das ändern?

Er zwingt sich, ruhig und gleichmäßig zu atmen. Schließt die Augen, lehnt den Hinterkopf an die Wand.

Bitte, ihr da draußen, denkt er, wer immer mir diese Träume vom silbernen Segel geschickt hat! Helft mir! Ihr habt mir irgendeinen Auftrag gegeben, den ich nicht kenne, und ich habe mein Bestes getan, um ihn zu erfüllen – aber jetzt wird mich diese Angst töten. Warum kann ich nicht, wie damals bei den knackenden Tieren im Wald und bei dem Dämon –

Randolf hält inne. Was war damals anders?

Die Ratten spüren, dass er vor ihnen sofort in die Knie gegangen ist. Wie ein schlotternder Untertan vor einer grausamen Macht, so wie Daddeldu vor Käpten Eisenfuß.

Als hätte er ein schlechtes Gewissen.

Warum eigentlich?

Er will ihnen ja wirklich nichts tun. Wenn sie ihn nur in Ruhe lassen!

Damals in den Wäldern hatte er sich vorgestellt, wie es für die Tiere sein muss, wenn plötzlich ein fremdes Wesen in ihr Revier eingedrungen ist. Er hat sich in die Tiere hineinversetzt und sie beruhigt.

Den Ratten hat er bisher nichts gezeigt außer Angst und Feindseligkeit.

Randolf atmet noch einmal tief durch.

«Ihr braucht keine Angst vor mir zu haben», sagt er schließlich in die Dunkelheit hinein. «Ich will nur euer Gast sein. Versteht ihr das?»

Randolfs Herz pocht. Er schließt die Augen und stellt sich das helle, gleißende Licht vor, das er so oft im Traum gesehen hat. Das Licht des silbernen Segels.

Dann atmet er langsam aus. Er spricht betont ruhig und gleichmütig: «Ich werde hier nichts kaputtmachen, und ich werde euch nichts tun. Ihr habt uns eine Menge Vorräte weggefressen, bei uns ist Proviant inzwischen knapp. Aber ich wette, der dicke Schiffskoch hat irgendwo hier unten ein paar heimliche Vorräte versteckt. Davon werdet ihr bestimmt satt.»

Sein Atem fließt gleichmäßiger, und seine Stimme klingt beherzter: «Ich vertraue euch. Ich lege mich jetzt hierhin, und ich stör euch nicht. Keinen von euch.»

Er beugt sich langsam nach vorn. Mit ausgestreckten Armen fährt er beide Zeigefinger in großen Halbkreisbewegungen über den Fußboden, als ob er mit unsichtbarer Kreide einen Kreis um sich herum malt. «Seht oder riecht ihr diese Markierung? Das hier ist mein Platz. Mein Bereich. Über diese Linie geht heute Nacht keiner von euch. Ist das klar? – So, und jetzt geht zurück in euren Holzhaufen. Danke, dass ihr mir Gastfreundschaft gewährt.»

Oben an Deck ist es ruhiger geworden. Die Piraten, faul und müde vom vielen Fressen und vom Rum, haben sich kreuz und quer auf den Planken ausgestreckt.

Längst ist es Nacht geworden.

Die Segel sind eingerollt, die *Kralle* treibt, leise schaukelnd, übers dunkle Meer.

Keiner arbeitet mehr, keiner isst mehr, kaum einer spricht noch. Friedlich dösen die Piraten.

Über Randolf wird die Ladeluke geöffnet, und eine Strickleiter fällt herab. «Randolf!», ruft Dok nach unten in den Frachtraum. «Kannst du dich allein bewegen? Oder soll ich dich holen?»

«Darf ich raus?»

Dok atmet erleichtert auf. Randolfs Stimme klingt klar und gesund. «Befehl vom Käpten, du sollst raufkommen. Bist du verletzt?»

Die Strickleiter strafft sich, Randolf kommt emporgeklettert. Dok hilft ihm aus der Luke heraus und betrachtet ihn erstaunt. «Haben die Ratten dich etwa in Ruhe gelassen?»

Randolf nickt. «Es scheint so.» Er selbst kann es immer noch kaum glauben.

Dok legt ihm die Hand auf die Schulter. Er lächelt, und seine Augen strahlen. «Dein Amulett ist in einem sicheren Versteck. Ich hab's in meinen Schuh eingenäht.»

«Danke. Habt Ihr daran geglaubt, dass ich zurückkomme?»

Dok zuckt lachend die Schultern. «Du bist wieder da. Das zählt.» Er bückt sich im Vorbeigehen und greift in eine Kiste. «Hier, iss erst mal einen Happen!» Er reicht ihm eine riesige Fleischkeule. «Endlich mal was anderes als Fisch!»

Ungläubig beschnuppert Randolf das geräucherte Kalbsfleisch, dann beißt er lustvoll hinein.

Dok erzählt von dem Beutezug, aber Randolf hört nur mit halbem Ohr hin. Seine Sinne sind gefesselt vom Geschmack und vom Geruch dieser köstlichen Delikatesse. Er nagt die Fleischkeule bis auf den Knochen ab und trinkt ein paar Becher Wasser. So frisches Trinkwasser hat es lange nicht an Bord der *Kralle* gegeben.

«Der Käpten will dich sehen», sagt Dok schließlich.

Randolf zuckt die Achseln: «Warum nicht?», und geht ihm hinterher.

Eisenfuß sitzt auf einer Taurolle und wird gerade von Daddeldu mit einer Sorte Kekse versorgt, die er noch nicht probiert hat. «Hier, Käpten, die hab ich extra für Euch gerettet», sagt Daddeldu mit einer kriecherischen Verbeugung, «es sind die letzten!»

Eisenfuß stopft sie in sich hinein, obwohl er kaum noch seine glasigen Augen offen halten kann. Jeden Happen spült er mit einem kräftigen Schluck Rum nach.

Auch Daddeldu sieht so aus, als hätte er schon ein halbes Fass leer getrunken.

«Ah, der Rattenfraß!», ruft Eisenfuß, als er Randolf bemerkt. «Zeig mal her, wo sie dich angeknabbert haben! – Daddeldu! Bring eine Kerze!»

«Zu sehen gibt es nicht viel», sagt Randolf. «Die Ratten hatten keinen Appetit auf mein Blut. Vielleicht schmeckt es ihnen nicht.»

«Erstaunlich», brummt Eisenfuß, der im Kerzenlicht Randolfs Körper betrachtet. «Ich glaube eher, es lag am Gestank deiner Hose – den mochten sie wohl nicht!»

Daddeldu kreischt auf vor Lachen.

Dok und Randolf schmunzeln.

«Lasst mich mit dem Jungen allein», sagt Eisenfuß zu Daddeldu und Dok. «Ich hab was mit ihm zu bereden.»

Erstaunt gehorchen die beiden und gehen in verschiedenen Richtungen davon. Randolf setzt sich auf den angebotenen Platz neben Eisenfuß. Was nun wohl kommen wird?

Prüfend schaut Eisenfuß in Randolfs Gesicht. «So einer wie du ist mir in dreißig Jahren nicht untergekommen», murmelt er. «Keiner vor dir hat es geschafft, dass ihn die Ratten in Ruhe ließen.»

«Ich habe wohl einfach Glück gehabt.»

Eisenfuß reicht ihm die Rumflasche.

Ob er beleidigt ist, wenn Randolf ablehnt? Betrunkene soll man nicht reizen. Eisenfuß ist unberechenbar, wenn er betrunken ist. Vorsichtig setzt Randolf die Flasche an die Lippen und tut so, als ob er einen Schluck trinkt. Scharf brennt der Rum auf der Zunge.

«Dein Vater war Schneidermeister, hast du gesagt?»

Randolf nickt und gibt ihm die Flasche zurück.

«Warum bist du von zu Hause abgehauen? Hattest du Ärger?»

Randolf schüttelt den Kopf. «Meine Familie wurde von plündernden Soldaten getötet.» Er ist auf der Hut.

Soll das vielleicht ein Verhör werden? Was bezweckt der Käpten, wenn er sich so vertraulich stellt?

Eisenfuß hält seinen Kopf dicht an Randolfs Ohr und flüstert: «Wie hast du das bei den Ratten gemacht? Was ist das Geheimnis?»

In Randolfs Kopf toben die Gedanken wie eine Horde von Affen. Jetzt nur nichts Falsches sagen! Er ist sein Feind, das darf er nicht vergessen.

«Dabei ist nichts Geheimnisvolles», sagt Randolf schließlich. «Ich habe die Ratten um Gastfreundschaft gebeten. Und seine Gäste – das weiß jeder Gastgeber – beißt man nicht.»

Ihm geschieht, was den meisten geschieht, wenn sie die Wahrheit sagen: Eisenfuß glaubt ihm nicht.

Er starrt ihn mit aufgerissenen Augen an. Macht Randolf sich über ihn lustig?

Er lacht ein kurzes, heiseres Lachen. «Du lässt dir nicht in die Karten gucken, das gefällt mir. Keiner kann dich einschätzen. Du könntest es weit bringen hier auf der *Kralle*. Aber ich weiß nicht, ob man sich auf dich verlassen kann.»

«Mein Vater hat mir vertraut.»

Überrascht beobachtet Randolf, was diese Antwort bei Eisenfuß bewirkt. Die Lippen des Käptens verzerren sich, als sei er plötzlich mit Wucht auf eine schmerzhafte Wahrheit gestoßen. Er seufzt und trinkt einen tiefen Schluck Rum.

Randolf spürt, dass Eisenfuß gern weiterfragen würde, dass ihm eine bestimmte Frage auf der Zunge brennt.

Beide schweigen.

Randolf steht auf. «War es das, was Ihr mit mir zu bereden hattet?»

Eisenfuß wedelt kurz die Hand. «Schon gut, schon gut. Geh mir aus den Augen!»

Nachdenklich schlendert Randolf zu Dok, der am Heck in einer unbeobachteten Ecke hinter einer großen Kiste sitzt.

Dok taucht einen Becher in ein offenes Wasserfass.

Beide trinken und lehnen sich zurück.

Am Nachthimmel glitzern Milliarden Sterne.

«Erzähl!», bittet Dok schließlich. «Wie ist es dir ergangen?»

«Ich hab herausgefunden, dass die zweite Aufgabe vielleicht noch gar nicht die Aufgabe ist, sondern eine Rätselfrage. *Wer lernt zu herrschen über Leben und Tod?* Die muss zuerst beantwortet werden. Die Antwort könnte lauten: Wer die Angst besiegen kann. Und das erst wäre dann die zweite Aufgabe: die Angst überwinden.»

Dok schaut ihn verblüfft an. «Wer die Angst besiegen kann ...» Er schmunzelt. «Und das ist dir bei den Ratten gelungen?»

«Ich war plötzlich ganz sicher, dass sie mich verstehen. Da war nicht mal mehr ein Zweifel.»

«Hm», murmelt Dok. «Sehr gut. Das ist wohl wirklich der Trick: Man muss daran glauben.» Sein Blick schweift in die Ferne, als er erzählt: «Vor ein paar Jahren bin ich mal mit zwei anderen bei einem Sturm über Bord gefegt worden. An Planken und Kisten geklammert, trieben wir hilflos in den Wellen. Die beiden anderen haben in Todesangst geschrien und in Panik um sich geschlagen. Sie sind ertrunken. Ich hab seltsamerweise daran geglaubt, dass ich irgendwie zurück zum Schiff komme, und die Mannschaft hat mich tatsächlich gefunden. An etwas zu glauben – das ist verdammt kräftige Nahrung ...»

Plötzlich richtet Randolf sich auf und streckt aufgeregt seinen Arm aus. «Da hinten! Siehst du das auch? Dieses Glänzende, da vorn auf dem Wasser –»

Dok dreht sich um und blickt in dieselbe Richtung. «Mhm, ich weiß nicht, was du meinst.»

Randolf zeigt auf einen tanzenden Lichtfunken, der weit weg am Horizont schwebt. «Ist das ein Schiff, was da leuchtet? Oder das silberne Segel ...?» Er unterbricht sich.

Beide schauen sich an.

Der Lichtpunkt ist noch zu weit weg, um ihn genau erkennen zu können.

«Auf jeden Fall kannst du dich darauf einstellen, dass du ab jetzt einige Wunder erleben wirst», sagt Dok langsam.

«Wunder? Was meinst du damit?»

«Ich habe oft davon gehört und darüber gelesen: Wer sich einmal auf den Weg macht und an ein Ziel glaubt, dem passieren plötzlich wunderbare Zufälle. Und du hast die ersten beiden Aufgaben gelöst. Wart's ab ... Es werden noch unglaubliche Dinge geschehen.»

15. Kapitel

# Verstärkung

TOCK! TOCK! TOCK! Schleppend kracht der eiserne Fuß über die Planken. Der Käpten irrt betrunken umher. Er torkelt und stützt sich auf Kisten und Fässer, um nicht über seine Piraten zu stolpern.

«Nachtisch!», knurrt er heiser. «Verdammt nochmal, es muss doch noch irgendwo was zum Nachtisch da sein!»

Er rüttelt einen schnarchenden Piraten an der Schulter und lallt: «He, besorg mir Nachtisch!» Der andere rührt sich nicht. Er schläft wie ein Toter.

«Alles muss man selbst machen!», brummt Eisenfuß. «Ich hätt jetzt Lust auf Pudding! Zuckerstangen! Schlagsahne! Kuchen! Was Süßes!»

Torkelnd schlurft er weiter. Öffnet Kistendeckel und schaut hinein. «Salzfleisch», murmelt er missmutig. «Salzheringe!»

«Salzgurken!»

«Kaffeebohnen!»

Seine Stimme wird ungeduldig und wütend. «Blutwurst! Schinken! Rum, Sülze – ist denn die ganze Schokolade schon aufgefressen?»

Er steht nicht mehr weit von Randolf und Dok.

Eisenfuß reißt den Deckel einer großen Linsenkiste hoch – und prallt vor Schreck einen Schritt zurück. Der Kistendeckel knallt wieder zu.

Dok und Randolf schauen auf.

Eisenfuß reibt sich die Augen, er kratzt sich mit beiden Händen über den ganzen Schädel, wie um den Suff zu vertreiben. Zaghaft geht er nochmal an die Kiste heran, zögerlich, auf der Hut.

Plötzlich wird die Klappe mit einem Ruck von innen aufgestoßen. Aus der Kiste streckt sich ein Kopf hervor. Ein Kopf mit langen, schwarzen, strubbeligen Haaren –

Randolf unterdrückt einen überraschten Schrei. Er traut seinen Augen nicht. Der Mensch, der sich in der Kiste aufgerichtet hat und jetzt herausgeklettert kommt, ist –

Kein Zweifel möglich, die Stimme erkennt er sofort.

«Was fällt Euch ein, mir den Kistendeckel auf den Kopf zu schlagen!», ruft Lilli. Sie baut sich vor dem Piratenkapitän auf, als sei sie ein wütender Engel der Rache.

«Auf – den – Kopf?», wiederholt Eisenfuß mit aufgerissenen Augen und weicht vor ihr zurück. Ist dieses Mädchen ein Spuk oder Wirklichkeit?

«Ich bin sehr hungrig», sagt Lilli. «Habe seit Tagen nur Linsen gegessen.»

«Linsen!», wiederholt der Käpten und begreift nichts.

«Ja, die Kiste ist voll davon. Ich weiß nicht, wie viele Tage ich da drin war …»

Eisenfuß kneift die Augen zusammen. «Ein blinder Passagier?»

«Ja – auf der *Armanda*», erklärt Lilli. «Auf Eurem Schiff bin ich wohl eher Gast, das ist ja wohl klar.»

Eisenfuß schwirrt der Kopf. «Bin ich eine Ratte? Die seine Gäste nicht beißt?» Er dreht sich benommen weg. «Ich träume … ich phantasiere! Noch einen Schluck Rum!» Er torkelt davon.

Randolf und Lilli fallen sich überwältigt in die Arme. Das Leben erscheint manchmal unglaublicher als die verrücktesten Träume. Beide können gar nicht fassen, dass sie einander wiedergefunden haben. Sie lachen, kneifen sich gegenseitig, fragen und plappern beide gleichzeitig drauflos.

Dok zieht sie behutsam hinter die große Kiste. «Wiedersehensfreude ist etwas Schönes, aber wir müssen nicht alle an Bord aufwecken!» Er gibt Lilli zu essen, und zu dritt setzen sie sich in das Versteck.

Flüsternd berichten sie einander, was sie erlebt haben.

Lilli war von zu Hause geflohen. Nach Randolfs Fortgang wurde ihr auf einmal überdeutlich bewusst, dass sie in einem goldenen Käfig lebte – eingepfercht zwischen der ewigen Rücksicht auf ihre kranke Mutter und den festen Vorstellungen ihres Vaters, der sich nur für sein Geld interessierte. Nachdem er ihr verkündet hatte, er würde sie umgehend mit einem alten, befreundeten Kaufmann verheiraten, hielt Lilli nichts mehr. Randolf hatte ihr gezeigt, dass sie ihr Leben selbst in die Hand nehmen konnte. Frei sein! Aus ihrer Geldschatulle nahm sie eine Hand voll Goldmünzen, schwang sich auf ihr Pferd und machte sich davon. Immer der Sonne nach, Richtung Westen, zum Meer.

Nach ein paar Tagen war das Pferd so erschöpft, dass Lilli es an einer Poststation zurücklassen musste. Eine Postkutsche war auf dem Weg in Richtung Holland. Das liegt auch an der Nordsee. In raschem Tempo kam sie nach Rotterdam.

«Dort hab ich ein Mädchen kennen gelernt», erzählt Lilli. «Sie heißt Mara und ist auf der Suche nach ihrer Mutter. Sie hat mir geholfen, als ich von zwei Matrosen bedrängt wurde. Die wollten handgreiflich werden, aber Mara hat ihnen Pfeffer in die Augen geschleudert. Wir flüchteten auf die *Armanda* und versteckten uns im Laderaum, ich in der Linsenkiste und sie in einem Wasserfass ...» Sie springt auf. «Das muss hier irgendwo stehen! Ein Fass mit schwarzen Beschlägen ...»

«Seid vorsichtig!», flüstert Dok. Aber Randolf und Lilli sind zu unruhig. Sie lassen den Dok in seine Kabine abziehen und beginnen, das Deck abzusuchen.

Das Fass mit den schwarzen Beschlägen ist nirgendwo zu finden, auch nicht in der Vorratskammer neben der Kombüse.

«Sie ist auf der *Armanda* geblieben!», ruft Lilli. «Wir müssen hinterher!»

Randolf lächelt. «Da ist sie sicherer als hier auf der *Kralle*. Ich weiß nicht, wie die Piraten ein Mädchen behandeln werden. Dich allein kann ich notfalls beschützen, aber zwei von eurer Sorte wohl kaum.»

Lilli seufzt und stützt sich auf die Reling. «Mara ist eine enge Freundin geworden. Ohne sie hätte ich die Wochen als blinder Passagier in der Dunkelheit bestimmt nicht überstanden ...»

Sie stehen am Heck des Schiffes, weitab von der schlafenden Mannschaft, hinter der Kapitänskajüte.

Randolf legt den Arm um ihre Schulter. «Ihr werdet euch wiedersehen. Wir haben uns ja auch wiedergefunden.»

Lilli lehnt den Kopf an seine Brust. «Hoffentlich geht es ihr gut. Sie hat nun niemanden mehr auf dem Schiff ...»

«Vielleicht wird sie ihre Mutter finden. Du hast doch gesagt, dass sie auf der Suche nach ihr ist ...»

Träumerisch blickt Lilli in die Sterne. «Merkwürdig, dass du von Maras Mutter sprichst. Das war nämlich ganz seltsam: Sie hat von einem Menschen geträumt, der eine Hose aus dem Fell eines Wolfes trägt.»

«Von mir?», fragt Randolf ungläubig.

«Ihre Mutter hat Mara oft von diesem Traum erzählt. Ihr wurde gesagt, dass Mara aufgerufen ist, einem Freund bei einer wichtigen Aufgabe zu helfen. ‹Du wirst ihn erkennen, wenn du ihm begegnest›, hat die Mutter zu Mara gesagt, ‹er trägt eine Wolfsfellhose.› Aber damit kannst du doch nicht gemeint sein.»

«Warum nicht?»

«Als ich ihr erzählte, dass ich dich kenne, fragte sie: ‹Hat er eine kleine kreisrunde Narbe hinten am Nacken?›

Ich schüttelte den Kopf, denn ich hab dir ja damals die Haare gewaschen, und da hab ich gefühlt, dass du am Hals keine Narbe –»

Randolf schiebt ihre Hand unter seine Haare hinten am Nacken. «Inzwischen hab ich eine.»

Beide starren sich an.

«Weiß diese Mara, wie sie mir helfen soll? Hat sie dir etwas erzählt?»

«Nein. Sie sagte, dieses Geheimnis darf nur der unbekannte Freund in der Wolfsfellhose wissen.»

Randolf beißt sich auf die Lippen.

Wie verworren das alles ist!, deutet Randolf. Was hat das Schicksal mit ihm vor? Fremde Leute träumen von ihm, und auch Randolf ist damals im Traum dieses südländische Mädchen erschienen …

Hastig fragt er: «Wie sieht sie aus, deine Freundin Mara? Hat sie womöglich ein südländisches Gesicht, große, dunkle Augen und einen Punkt auf der Stirn?»

Lilli nickt.

In Randolfs Kopf arbeitet es fieberhaft. «Das Mädchen in meinem Traum hatte gesagt: ‹Die dritte Aufgabe ist die schwerste! Aber du wirst Hilfe haben …› Die *Armanda* kann noch nicht weit weg sein.»

«Wie könnten wir Eisenfuß dazu bringen, dass er sie verfolgt?»

Unruhig gehen beide an der Reling hin und her. Kein Piratenkapitän würde ein Schiff jagen, das er schon mal ausgeplündert hat. Aber wenn … Dann könnten Dok und Lilli und Randolf auf die *Armanda* fliehen, zu Mara und ihrem Geheimnis. Wenn, wenn! Vielleicht würde Eisenfuß doch … Wenn auf diesem Schiff etwas wäre, was er haben will.

«Lilli», fragt Randolf, «hast du Geld bei dir? Oder Schmuck?»

Lilli kramt einen kleinen Beutel hervor. «Eine Golddublone.»

Randolf ist auf einen Piraten zugegangen, der mit schwerfälligen Bewegungen übers Deck wankt. «He, Zach!», ruft Randolf ihm zu, denn er hat den lispelnden Segelmacher erkannt.

«Ich … suche … ein Wasserfass …», lispelt Zach. «Wasser! Nach dem Fressen und Saufen hab ich Durst …»

«Was geschieht eigentlich mit den ganzen Dublonen, die ihr erbeutet habt?», fragt Randolf ihn. «Teilt Eisenfuß die Beute immer gleich sofort mit euch, oder behält er erst mal alles für sich?»

Zach glotzt ihn verständnislos an. «Welche Dublonen?»

Lilli zeigt ihm die dicke, schwere Goldmünze.

«Wer bist du?», lispelt Zach überrumpelt. «Äh, wer seid Ihr? Und was ist das für 'ne Münze?» Er wischt sich übers Gesicht und schaut abwechselnd auf Lillis Gesicht und auf die Dublone in ihrer Hand.

Randolf erklärt: «Diese junge Dame, die wir in einer Futterkiste an Bord geschleppt haben, war auf der *Armanda* ein blinder Passagier. Und solche Goldstücke liegen da haufenweise rum – sagt sie. Nicht wahr, Lilli?»

Sie nickt ernsthaft. «Vorne im Bug. Ganze Säcke voll! Die habt ihr doch sicher an Bord geholt!»

Zach lispelt: «Von Goldsäcken hat keiner was gesagt.»

Auch Daddeldu ist neugierig dazugekommen. Jetzt, wo die Piraten satt sind, erwacht wieder ihre Gier nach Gold. Daddeldu schielt auf Lillis Dublone. «Allein von so einer einzigen Münze könnte man 'ne ganze Weile gut leben ...»

Lilli muss lachen. «Ihr seid mir komische Piraten, muss ich schon sagen! Schleppt das Pökelfleisch ab und die trockenen Bohnen, aber vergesst das Gold und die Dublonen.»

«Weiß Eisenfuß das?», lispelt Zach.

Lilli schaut die beiden Trunkenbolde an. «Wollt Ihr es ihm sagen, oder soll ich es selber tun?»

Eisenfuß ist aus der Kajüte herausgetreten.

«Käpten!» Daddeldu läuft zu ihm hin. «Tausend Dublonen hätten wir auf einen Schlag haben können ...»

«Ach ja? Was du nicht sagst.»

«Auf der *Armanda*», sagt Daddeldu eifrig. «Ich meine nur. Dein Silberschatz ist ja nicht so leicht zu kriegen, wer weiß, ob wir ihn finden – aber hier, das Ding mit den Dublonen, das ist eine todsichere Sache!»

«Soso. Todsicher, wie? Hm. Hast du dir ja gut ausgedacht, Daddeldu! Golddublonen sind nicht zu verachten. Dann müssten wir uns aber beeilen.»

«Soll ich die Männer wecken?»

Eisenfuß nickt. «Ich kenne eine Abkürzung nach

Caracas. Die schwere *Armanda* ist dafür zu breit. Aber mit unserer flinken *Kralle* kommen wir da durch. Wenn wir sofort mit voller Kraft lossegeln, können wir's schaffen. – Männer!», ruft er. «Wenn wir die Abkürzung nach Caracas nehmen, gibt's für jeden von euch einen ganzen Sack voll Dublonen!»

Die Piraten rappeln sich auf.

Beute? So viel Gold?

Tausend Dublonen, die würden sich lohnen.

Das bedeutet: reich ein Leben lang!

Alles kaufen können …

«Hoho – jetzt geht's los!»

«Alle Segel setzen!»

«Los, pack mit an!»

«Volles Tuch!»

«Aua, das war mein Fuß!»

«Steuermann: Scharf Südwest!»

Die *Kralle* rauscht mit geblähten Segeln durch die Nacht.

Sicher wird das fremde Schiff schon längst keine volle Fahrt mehr machen. Es kann ja nicht damit rechnen, dass es verfolgt wird.

Randolf und Lilli haben Dok in seiner Hängematte geweckt.

«Wir mischen uns unter die Piraten, und auf der *Armanda* verstecken wir uns im Laderaum bei Mara …»

«Aber wir müssen vorsichtig sein! Nicht alle zur selben Zeit abhauen – das wäre zu auffällig …»

Die Piraten geben ihr Letztes, um das Schiff so rasch wie möglich durch die Meerenge zu steuern. Bis zum Morgengrauen arbeiten sie unermüdlich. Kurz nachdem die Sonne aufgegangen ist, entdeckt der Ausguck das gesuchte Schiff. Das ist gemächlich die Küste entlang um eine Landzunge herumgefahren und wird noch Stunden bis Caracas brauchen.

Immer kürzer wird der Abstand zwischen ihm und dem Piratenschiff.

Randolf, Dok und Lilli halten sich bereit.

Die *Armanda* versucht im letzten Augenblick, zur rettenden Küste hinzusteuern. Aber Eisenfuß lässt sein Schiff zwischen Küste und *Armanda* segeln und drängt sie aufs offene Meer hinaus.

Den drei Freunden fährt der Schreck in die Glieder, als Eisenfuß ruft: «Fertig machen zum Entern! Als Erstes sucht ihr nach einem Wasserfass mit schwarzen Beschlägen! Bringt es rüber zu uns auf die *Kralle*! Und bewacht es mit drei Mann!»

Randolf flüstert: «Woher weiß er, dass wir zu Mara –»

Eisenfuß lacht hämisch. «Ha! Da staunst du, wie? Ich habe meine Ohren überall! Und eure Fluchtpläne könnt ihr euch gleich wieder aus dem Kopf schlagen. Der alte Eisenfuß ist eben immer einen Schritt weiter …»

Wie betäubt sehen die drei Freunde den Vorbereitungen zum Entern zu. Wieder ist die Mannschaft der *Armanda* so überrumpelt, dass sie keinen Widerstand leistet.

Randolfs Gedanken wüten: Wenn Eisenfuß Mara in seiner Gewalt hat …

Warum sollte er sie drei am Leben lassen?

Notfalls hat er sogar noch diesen Usibepu-Medizinmann als Helfer, falls Mara nicht reden wird. Dok, Lilli und er wären nur lästige Mitwisser …

Hilflos starren sie auf das Wasserfass, das von mehreren Männern an Bord gehievt wird.

«Dürfen wir jetzt die Dublonen suchen?», fragt Daddeldu.

Eisenfuß grinst. «Suchen könnt ihr, soviel ihr wollt. Stellt meinetwegen den ganzen Kahn auf den Kopf!»

«Mir nach!», schreit Daddeldu. «Das Mädchen hat gesagt, die Säcke sind im Bug!»

Johlend stürmt die Rotte los.

Die drei Piraten, die das Fass bewachen sollen, schauen ihren Kameraden sehnsüchtig hinterher. Es sind Bänki, Zach und Morten.

Eisenfuß ist an das Fass herangetreten. Er gibt Randolf einen Wink: «Komm her, und deine Freunde auch … seid ihr nicht neugierig?»

Unsicher gehorchen sie. Welche teuflische Gemeinheit hat der Käpten wohl nun wieder vor?

Eisenfuß lässt den Deckel vom Fass heben.

Im Fass richtet sich ein großes, schlankes Mädchen auf.

Sofort weiß Randolf: Dieses Gesicht hat er im Traum gesehen.

«Willkommen!», sagt Eisenfuß mit dröhnender Herzlichkeit. Wie ein Schauspieler, der einen gutmütigen Onkel spielt, hat er sich verstellt. Er reicht Mara mit galanter Geste die Hand und hilft ihr, aus dem Fass zu steigen.

Mara schaut sich um und dreht dabei langsam ihren Kopf, als wolle sie erspüren, wie sich die Atmosphäre auf dem Schiff anfühlt.

Hinter ihr stehen Bänki, Zach und Morten, bereit, sofort auf Befehl des Käptens zu handeln.

Eisenfuß ist zwischen Lilli und Randolf getreten und hat beiden väterlich einen Arm um die Schultern gelegt. «Wie Ihr seht, seid Ihr hier unter Freunden ...», er lächelt Mara an. «Die beiden haben sich Sorgen um Euch gemacht, und wenn meine Freunde sich Sorgen machen, dann werde ich immer ganz betrübt. Ich hab wohl ein zu gutes Herz. Also dachte ich, na, dann sollten wir Mara eben zu uns holen. Auch wenn's viel Arbeit war ... Aber was tut man nicht alles für seine Freunde!»

Er spricht auf Mara ein und blickt ihr in die Augen, als wollte er sie hypnotisieren. «Mein lieber Wolfspelz hier», er zeigt auf Randolf, «ist schon ganz neugierig, was Ihr ihm erzählen möchtet – gerade gestern noch hat er zu mir gesagt: Wenn ich dieses Mädchen treffe, von dem ich geträumt habe, dann bist du der Erste, dem ich erzähle, was sie mir verraten hat. Ihr seht, wir haben keine Geheimnisse voreinander, Ihr könnt also frei sprechen ...»

«Sicher hat Mara Hunger und Durst», fällt Randolf ihm ins Wort, «für Gespräche haben wir später noch genug Zeit. Der liebe Onkel Eisenfuß gibt Euch sicher erst mal was Gutes zu essen ... Er ist ein großzügiger und charmanter Gastgeber – besonders zu Damen. Nicht wahr?» Bei den letzten Worten hat er sich zu Eisenfuß umgedreht, der gezwungen lächelt und seine liebenswürdige Maske nur noch mühsam bewahren kann.

«Jaja!», sagt er dann. «Das ist eine gute Idee.» Plötzlich ist sein Lächeln echt: «Dok!», ruft er. «Du gehst mit unseren beiden Freunden hier ...», er schiebt Randolf und Lilli zu ihm hin, «ihr drei geht zu den Futterkisten und den Fässern dahinten und sucht unserem Gast ein paar Leckerbissen zusammen. Und holt Besteck und Teller aus der Kombüse, und vergesst nicht einen Krug Wasser und einen Becher!»

Mara nickt, es ist wie ein lächelnder Dank.

Verzweifelt versuchen Randolf und Lilli, ihr mit den Augen Zeichen zu machen: Kein Wort zu Eisenfuß! Aber Mara schaut nicht zu ihnen hin, sie dreht den Kopf zu ihren drei Bewachern und scheint sich zu fragen, zu welchem Zweck diese groben Kerle hier wohl so unbeweglich stehen.

Plötzlich ein Rumpeln, ein Trampeln und Rufen: Die enttäuschten Piraten kommen schimpfend auf die *Kralle* zurück. Sie haben alles abgesucht und keinen einzigen Sack mit Dublonen gefunden.

Wütend befiehlt Eisenfuß sie an die Arbeit: «Wir müssen verschwinden, haben hier schon zu viel Zeit vergeudet – ich hab zu tun. Daddeldu, du übernimmst!»

Murrend, mit bösen Blicken, gehorchen die Piraten. Sie beginnen, die *Kralle* mit den Enterhaken vom anderen Schiff wegzustoßen und Segel zu setzen.

«Nun aber», wendet Eisenfuß sich wieder in erzwungener Freundlichkeit an Mara, «ich höre?»

Mara lächelt höflich, sie zuckt fragend die Schultern.

Gerade kommen Randolf, Lilli und Dok mit gefüllten Tellern, Schüsseln, Besteck und Bechern zurück. «Sie spricht nur Spanisch», klärt Lilli den Kapitän kurz auf. Eisenfuß schlägt mit der Faust auf eine Kiste, dass es kracht. Wie soll er etwas aus dem Mädchen herauskriegen, wenn sie kein Deutsch spricht? Eisenfuß kann kein Spanisch, und er ist nicht wie Lilli von vielen Privatlehrern unterrichtet worden.

«Sperrt diese Mara in die Kammer!», ruft er plötzlich wütend und springt auf. «Mit drei Mann bewachen – Tag und Nacht! Sorgt dafür, dass sie kein Wort mit diesen drei anderen reden kann!»

Wegsperren und bewachen, bis er einen Übersetzer gefunden hat, dem er vertrauen kann und der dabei ist, wenn sie mit Lilli spricht. Notfalls muss Usibepu ran – es heißt, der kann sogar Gedanken lesen.

Eisenfuß knirscht mit den Zähnen.

Mara wird in die Kammer abgeführt, wo auch Randolf ganz zu Anfang eingesperrt war.

«Bindet ihr den Mund zu!», brüllt Eisenfuß. «Mit einem Tuch! Nur zum Fressen und Saufen wird es abgenommen – zweimal am Tag!»

Er stampft mit dem Fuß auf, dass die Planken zittern. Am liebsten möchte er etwas kaputtmachen. Zerstören. Sich austoben.

Die *Armanda* ist noch in Schussweite. «Kanonen klar

machen!», brüllt Eisenfuß. «Fertig machen zum Versenken! Feuer frei!»

Er verzieht sein Gesicht zu einem hämischen Grinsen. Nun wird der dicke Smutje doch noch zu den Fischen geschickt.

Begeistert machen sich die Männer an die Arbeit. Die *Armanda* in Stücke zu schießen ist eine willkommene Gelegenheit, ihren Zorn wegen der falschen Dublona auszulassen.

Wütend schlagen sie Feuer und halten Fidibusse an die Lunten.

Es zischt und donnert und kracht und zischt und knallt.

Befriedigt schaut Eisenfuß dem Spektakel zu. Die Kanonen sind ihr Geld wert gewesen: Sie schießen punktgenau und mit gewaltiger Kraft. Langsam bessert sich seine Laune.

16. Kapitel

# Das Seil

Nun ist es nicht mehr weit bis zu Usibepus Insel. Bei der raschen Fahrt knattern die Segel im Wind.

Für Randolf, Dok und Lilli ist die Lage an Bord unbehaglich geworden. Sie werden von allen Seiten argwöhnisch beobachtet. Kaum ein Pirat spricht ein Wort mit ihnen. Sie arbeiten und essen zwar mit den anderen, werden aber von allen gemieden. Dennoch fühlen sie sich ständig beobachtet. In einer Arbeitspause sitzen sie zu dritt vorn am Bug und überlegen, was sie tun können.

«Die arme Mara», sagt Lilli. «Ob Eisenfuß sie töten wird?»

Dok schüttelt den Kopf. «Die Piraten sind zwar eine wilde Mörderbande, aber eine Frau umzubringen ist gegen ihre Ehre. Wenn er das täte, würden sich alle gegen ihn stellen. Darum wird er sie am Leben lassen.»

Lilli schüttelt sich. «Es muss furchtbar sein – Tag und Nacht gefesselt und sogar den Mund zugebunden!»

«Wir müssen ihr ein Messer schicken.» Randolf fährt prüfend mit dem Daumen über die Klinge seines Messers. «Sobald jemand die Tür öffnet, kann sie wieder so tun, als ob sie noch gefesselt ist …»

«Mhm – jaja …» Dok zeichnet mit dem Finger ein Viereck auf die Planken. «Wir müssten irgendwie an den Wachen vorbei …»

Die Kammer, in der Mara eingesperrt ist, liegt unten im Zwischendeck. Sie hat zur See die Bordwand mit dem kleinen Luftloch als Außenwand, zwei Wände sind freistehend und werden bewacht, die vierte Wand grenzt an einen Geräteraum, vor dessen Eingang ebenfalls ein Posten steht.

«Es kommt nur die Bordwand in Frage», flüstert Randolf. «Ich könnte mich bei Nacht von oben abseilen und Mara durch das Luftloch mein Messer geben. Und –», er hält inne. Ein Gedanke. «Kann Mara schreiben?», fragt er Lilli. Und als diese nickt: «Ich könnte ihr einen Zettel und einen Stift durchreichen! Sie schreibt am nächsten Tag die Botschaft auf und –»

Dok sucht noch einmal alle Seiten auf ungebetene Zuhörer ab. «Ja, das ginge», murmelt er dann leise, «Papier und Stift kann ich besorgen …»

«Auch mir wär's am liebsten, wenn ich die Botschaft schriftlich hätte», gesteht Lilli, «beim Sprechen kann es passieren, dass ich ein Wort oder mehrere nicht richtig verstehe, oder wenn es mehrere Sätze sind, behalte ich vielleicht nicht alles … Was ich aufgeschrieben vor mir sehe, kann ich Wort für Wort viel sorgfältiger übersetzen.»

«Es kommt aber nicht in Frage, dass Randolf sich abseilt», wirft Dok ein. «Wenn er gefangen und getötet wird …»

«Eisenfuß denkt, dass er mich noch braucht. Er wird mich nicht töten.»

«Ja – solange er Maras Geheimnis noch nicht kennt. Wissen wir, was dieser Usibepu mit ihr anstellen wird, um sie zum Reden zu bringen? Vielleicht spricht er Spanisch. Spätestens in zwei oder drei Tagen kommt er an Bord. Du hältst dich lieber im Hintergrund. Wenn Eisenfuß erfahren hat, was er wissen will, und wenn er dann auf dich aufmerksam wird – dann kann keiner von uns mehr die dritte Aufgabe angehen, denn nur du hast die ersten beiden gelöst.»

«Und Eisenfuß?», fragt Lilli.

Dok nickt. «Er auch. Jeder auf seine Weise. Darum können nur Randolf und er das silberne Segel sehen.»

«Woher weißt du, dass Eisenfuß es sehen kann?», fragt Randolf verblüfft.

«Ich hörte, wie Daddeldu davon erzählte. Der Alte fängt an zu spinnen, hat er zu Zach gesagt. Der Käpten hätte ihn auf ein Licht aufmerksam gemacht, das gar nicht zu sehen gewesen sei …»

«Wie Randolf!», sagt Lilli.

Tatsächlich kann Randolf als Einziger von den dreien das helle Leuchten des silbernen Segels über dem Wasser erkennen, das jeden Tag ein Stück näher zu kommen scheint. Selbst in der einsetzenden Dämmerung bleibt es für Lilli und Dok unsichtbar.

Dok setzt seine Überlegungen fort. «Auch Lilli wird noch unbedingt gebraucht», denkt er laut, «als Übersetzerin. Nur ich komme also in Frage.»

Randolf und Lilli schweigen. Sie wissen, dass Dok Recht hat, aber der Gedanke, den alten Mann an einem Seil die Bordwand hinabklettern zu lassen, ist ihnen höchst unbehaglich.

Dok lächelt. «Ich bin zäh und gut in Form. Wir müssen nur einen guten Augenblick abpassen. Einer stellt sich wie zufällig an die Reling, knotet heimlich das Seil fest und gibt mir Sichtschutz, wenn ich runterklettere …»

«… und ich lenke inzwischen die Wachtposten ab!», verspricht Lilli.

«Aber noch ist der Medizinmann nicht an Bord», sagt Randolf. «Heute Abend bin ich noch sicher und kann also klettern.»

Dok schüttelt den Kopf. «Beim zweiten Mal kommt's darauf an. Bis dahin möchte ich geübt sein.»

«Also an die Arbeit», flüstert Randolf. «Ich suche ein Seil …»

«… ich hole Schreibzeug …»

«Und ich schreibe Mara auf, was sie tun soll», beschließt Lilli.

Als es dunkel geworden ist und die Piraten wieder betrunken und satt vor sich hin dösen, schlendert Randolf gemächlich, eine Hand auf den Bauch gelegt, oben an der Reling entlang. Mit der Hand hält er das aufgerollte Seil fest, das er unter seinem Hemd versteckt hat. Es sieht aus, als reibe er sich nach dem Essen wohlig den Bauch und lehne sich ohne Absicht genau auf der Höhe ans Geländer, wo unten im Zwischendeck die Kammer mit Mara liegt.

Die Posten unten sind nicht beunruhigt. So viel höher liegt das Oberdeck über der Kammer, dass sie keinen Zusammenhang erkennen.

Dok hält sich in der Nähe versteckt, hinter eine Kiste gekauert. In seinem Gürtel steckt ein Kohlestift, umwickelt von einem Papierbogen mit Lillis spanischen Anweisungen an Mara.

Randolf lehnt, auf beide Ellenbogen gestützt, dicht an der Reling, beide Hände in Bauchhöhe. Verstohlen knotet er ein Ende des Seils fest und zieht das Seil Stück für Stück aus seinem Hemd, um es über die Reling hinabzulassen.

Plötzlich schrecken im Zwischendeck die Wachen vor der Kammer auf: «Aaah», stöhnt Lilli in ihrer Nähe. Sie kommt vornübergebeugt, beide Hände an den Bauch gepresst, mit verzerrtem Gesicht auf sie zu.

«Keinen Schritt weiter!», ruft einer der Posten. «Wehe, du kommst in die Nähe der Tür!»

«Ich suche den Dok», winselt Lilli. «Ich blute! Da fließt Blut aus meinem Bauch ...» Sie greift sich in den Schritt und zeigt ihre blutverschmierte Hand.

Die Posten weichen entsetzt zurück.

Ratlos schauen sie sich an.

Lilli jammert: «Dok muss mir helfen! Er ist nicht in seiner Koje, und ich weiß nicht, wen ich fragen soll – alle schlafen schon!»

Diese Sekunden der Ablenkung haben ausgereicht.

Dok ist oben lautlos zu Randolf gesprungen, hat das Seil gepackt und sich über die Reling geschwungen. Schon klettert er zum Luftloch an der Bordwand hinab.

Die Wachen starren auf Lilli, die sich vor ihnen zu Boden sinken lässt, und sie starren auf den Blutfleck, der sich zwischen ihren Beinen ausbreitet.

«Helft mir doch!», ruft sie mit gepresster Stimme. «Ich muss so schnell wie möglich den Dok finden!»

Zach zwinkert seinen Kameraden zu.

Alle drei brechen in Gelächter aus.

«Das ist nix Besonderes», lispelt Zach, «die süßen Seemannsbräute bluten alle, sogar in der Südsee! Jeden Monat!»

Lilli stöhnt.

«Du suchst Dok?», ruft Randolf von oben. «Den hab ich eben in der Kombüse gesehen.» Randolf steht mit dem Rücken zur Reling, sodass er das Seil verdeckt, an dem Dok eben wieder hochgeklettert ist, nachdem er das Schreibzeug überbracht hat.

«Danke», ächzt Lilli. Sie steht auf und verschwindet.

Dok kauert wieder versteckt hinter der Kiste. Randolf rollt unbemerkt das Seil unters Hemd und schlendert gemächlich davon.

Wenn alles klappt, wird Mara während des Tages die Botschaft schreiben. Abends kann Dok sie dann wieder abholen. Hoffentlich fällt Lilli noch einmal etwas ein, was die Wachen so wirkungsvoll ablenkt wie heute!

Plötzlich bleibt Randolf stehen, er wirft noch einmal einen Blick auf das silberne Segel. So gleißend hell strahlt das Licht vor dem Nachthimmel, dass Randolf seine Augen mit der Hand beschirmt.

17. Kapitel

# Der Tod

Am nächsten Morgen ankert die *Kralle* vor der kleinen Südseeinsel. Mit einem Ruderboot lässt Eisenfuß sich an Land bringen. Randolf und Lilli hat er mitgenommen, zur Vorsicht, damit sie nicht in seiner Abwesenheit mit Mara reden können. Seinen Piraten traut er nicht mehr. Um für alles gewappnet zu sein, trägt er neuerdings wieder die lange, dicke Pistole schussbereit im Gürtel.

Am Ufer werden sie von einer Gruppe Eingeborener fröhlich empfangen. Die Insulaner erkennen den Mann, der sie gerettet hat: Eisenfuß hatte im Suff einen reichen Sklavenhändler erschlagen und das Schiff versenkt, mit dem der Händler Menschen fangen und brutal entführen wollte. Natürlich hatte Eisenfuß das Schiff vorher plündern lassen.

Die Insulaner sind ihm immer noch dankbar. Ohne Eisenfuß wären sie von ihrer Insel verschleppt und bis an ihr Lebensende zur Zwangsarbeit verurteilt worden.

Der Käpten genießt den freudigen Empfang. Er lächelt in die Runde. «Usibepu», sagt er und macht mit der Hand ein Zeichen: Holt ihn her!

Freundlich nickend und lächelnd, machen sich mehrere Männer auf den Weg, um ihn zu suchen.

Die Piraten, die das Boot gerudert hatten, schwelgen in Erinnerungen:

«Wisst ihr noch – die faulen Monate hier auf der Insel?»

«Bis es dann doch zu langweilig wurde! Jeden Tag dasselbe ...»

Die Männer lachen.

Eisenfuß setzt sich in den Schatten einer Palme.

Damals hatte ihm der Medizinmann seine tiefe Verbundenheit und Dankbarkeit gezeigt und ihn eingeladen, sein Gast zu sein. Für ein paar Monate waren die Piraten auf der Insel geblieben. Unbeschwerte Tage am Strand, versorgt und umhegt von hübschen Frauen ...

Damals, als Eisenfuß in Usibepus Hütte lebte, erkannte er die erstaunlichen Fähigkeiten dieses Medizinmannes, der vom ganzen Volk verehrt wurde. Usibepu konnte gebrochene Knochen nicht nur richten, sondern in Windeseile wieder zusammenwachsen lassen. Eisenfuß hatte es selbst gesehen: Nach einer kurzen, intensiven Beschwörung strich Usibepu eine Weile mit beiden Händen über ein gebrochenes Bein. Der Pirat, dessen Unterschenkel eben noch verdreht und abgeknickt war, einmal in der Mitte durchgebrochen, konnte ohne Schmerzen aufstehen und wie ein Gesunder gehen. Auch Dok war dabei gewesen, er hat Randolf davon erzählt.

Besonders verblüfft war Eisenfuß, als Usibepu ihm

mehrmals genau das brachte, an das der Käpten gerade im Augenblick vorher gedacht hatte. Das geschah so häufig, dass Eisenfuß überzeugt ist: Dieser seltsame Zauberer kann tatsächlich Gedanken lesen!

Inmitten einer fröhlich rufenden Gruppe von Männern und Frauen kommt Usibepu heran. Er ist ein hochgewachsener, kerzengerade einherschreitender Mann, dessen Haut mit Mustern bemalt ist.

Er lächelt, als er zu Eisenfuß kommt.

Ihre Besprechung unter der Palme können Randolf und Lilli aus der Entfernung beobachten.

Beide reden mit Händen und Füßen, malen Zeichen in den Sand, Eisenfuß zeigt auf das Schiff.

Nach einer Weile kommt Usibepu zu seinen Leuten. Er hält eine kurze Ansprache. Dann geht er davon und kommt nach kurzer Zeit mit einer Trommel zurück.

Würdig und gemessen schreitet er mit Eisenfuß zum Ruderboot.

«Los geht's – alle Mann an die Riemen!»

Mit den Piraten steigen auch Lilli und Randolf ein und helfen beim Zurückrudern. Eisenfuß lässt die beiden nicht aus den Augen, als das Boot die *Kralle* erreicht hat und alle mit der Strickleiter an Bord geklettert sind.

Mit vereinten Kräften wird das Boot wieder nach oben an Bord gehievt und an seinem alten Platz am Heck vertäut.

Es ist Abend geworden. Der Anker wird eingeholt, die *Kralle* legt ab.

Als Gastlager für Usibepu lässt Eisenfuß einen Ehrenplatz in seiner Kajüte herrichten. Eingeteilt für die Arbeit sind Lilli, Randolf und Daddeldu. Doch Randolf kann seine Neugierde nicht bezwingen. Er stiehlt sich an Deck und versteckt sich zwischen den Kisten. Den Medizinmann lässt er nicht aus den Augen. Was mag Eisenfuß mit ihm vorhaben? Auch den Dok will Eisenfuß aus dem Weg haben.

«Du hast seit Tagen kein Netz mehr geflickt! An die Arbeit!»

Dok zuckt mit den Schultern und geht zornig zum Haufen der Netze. So viele Vorräte sind an Bord, dass sie wochenlang kein Fischnetz brauchen werden! Er zerrt ein Netz hervor und sieht das Seil, das Randolf darunter versteckt hatte. Nachdenklich nimmt Dok das Seil in die Hand und schaut hinunter aufs Zwischendeck, wo der Käpten wild gestikulierend mit dem Medizinmann spricht.

Eisenfuß fuchtelt mit den Armen, er zeigt auf Usibepu, auf die Kammer und auf sich selbst. «Hinter der Tür! Verstehst du? Dahinter!» Er legt sein Ohr an die Tür, die Ohrmuschel durch seine gekrümmte Hand vergrößert. «Hören! Mädchen – in den Kopf!» Er zeigt auf Usibepu, legt wieder seine Hand ans Ohr, er zeigt auf seinen Kopf und wieder auf die Kammer –

Usibepu lächelt.

Er sitzt auf dem Boden vor der Kammer, beugt sich über seine Trommel, schließt die Augen und beginnt, einen langsamen, monotonen Rhythmus zu schlagen.

Spüren, was der andere denkt. Fühlen, was der andere fühlt.

*Dschuumba – itscha – Dschuumba,* geht langsam die Trommel.

Usibepu lässt sich vom Atem durchströmen. Aufrecht sitzend, den Kopf mit geschlossenen Augen in Richtung Sternenhimmel gehoben.

Dann konzentriert er sich auf das Mädchen hinter der Tür. Er atmet tief und wohlig, auf seinen Lippen spielt ein breites, entspanntes Lächeln.

Er trommelt.

Neben ihm sitzt ungeduldig Eisenfuß. Randolf wartet mit angehaltenem Atem.

Das Piratenschiff gleitet in gemächlichem Tempo über das nächtliche Meer in Richtung des hellen silbernen Lichts, das nur der Kapitän und Randolf erkennen können.

Plötzlich sieht Randolf aus den Augenwinkeln eine Bewegung. Dok! Was schleicht er denn mit dem Seil an der Reling umher? Er will doch nicht … aber doch nicht jetzt!

*Dschuumba – itscha – Dschuumba,* geht langsam die Trommel.

Schon hat Dok das Seil festgeknotet, steigt über das Geländer, greift nach dem Seil –

«Käpten!», ruft Daddeldu, der gerade aus der Kajüte

gekommen ist. Er zeigt auf Dok an der Reling mit dem Seil in der Hand.

Eisenfuß ist aufgesprungen. Wütend, dass Usibepu bei seinem Zauber gestört wird.

Außer sich vor Zorn, zieht Eisenfuß den Hahn an der Pistole zurück, schüttet hastig Pulver auf die Zündpfanne, stößt Verwünschungen und Flüche aus,

Er schießt –

ein scharfer Knall.

«Nein!», schreit es aus Randolf heraus.

Dok ist plötzlich verschwunden.

Wie ein Echo auf den Schuss ertönt ein Aufklatschen hinter dem Schiff.

«So geht's jedem, der mich stört – ist das klar?», brüllt Eisenfuß die Mannschaft an.

Zitternd nicken die Piraten.

Lose baumelt der Strick an der Reling.

18. Kapitel

# Lautlose Stimmen

Keine Kursänderung!», hatte Eisenfuß nur gebellt, als Randolf den Männern zugerufen hatte: «Mann über Bord! Wir müssen beidrehen!»

Die *Kralle* ist auf Kurs geblieben. Immer weiter entfernt sie sich von der Unglücksstelle. Zwar hatte Randolf sofort die versiegelte Kiste über Bord geworfen, die Rettungsboje für solche Fälle – aber ob er sie im Dunkeln findet? Womöglich hat der Schuss ihn sofort getötet …

Stumm vor Entsetzen stehen Lilli und Randolf am Heck. Sie starren aufs Meer, auf einen unbestimmten Punkt im dunklen Wasser, der immer weiter und weiter hinter ihnen verschwindet.

Usibepu hat wieder zu trommeln begonnen, hier hinten am Heck klingen die monotonen Schläge leise und verweht.

Randolf wischt sich Tränen aus den Augen, aber immer wieder steigen neue Tränen auf.

Dok! Wenn der Schuss ihn nicht sofort getötet hat, wird er verletzt im Wasser treiben. Und selbst wenn Eisenfuß ihn verfehlt haben sollte – wie groß ist die Chance, dass er sich retten kann? Weit und breit kein Land in Sicht …

Sie werden ihn nie wiedersehen.

Seinen Freund! Warum nur?

Warum ist das Leben so grausam? Welcher Gott nimmt ihm immer wieder das Liebste, was er auf Erden hat? Erst seine Eltern und Katharina, jetzt seinen einzigen Freund …

Eisenfuß! Der feige Mörder!

In ohnmächtiger Wut stampft Randolf übers Deck. Als er an einer Kanone vorbeikommt, ritzt er mit dem Messer wütend einen Kratzer in das polierte Eisen. Plötzlich hält er inne. Seine Augen glitzern.

Ein Gedanke.

Ja, damit könnte er ihn wirklich treffen!

Randolf holt eilig eine Zange und lockert mit aller Kraft die Verschraubung der Kanone.

«Was tust du da?», fragt Lilli erschrocken.

*Dschuumba – itscha – Dschuumba,* geht die Trommel.

«Ich räche Doks Tod!», zischt Randolf verbissen.

Die Schrauben lösen sich.

Er stemmt sich mit aller Macht gegen die Kanone, gibt ihr einen Stoß – sie kippt über Bord und fällt klatschend ins Meer.

Randolf schickt ihr einen grimmigen Blick hinterher. «Das war die erste!»

Entsetzt schaut Lilli ihn an. «Willst du, dass wir beide uns auch noch verlieren? Eisenfuß wird schäumen vor Wut!»

«Soll ich mich etwa bei ihm bedanken, weil er Dok getötet hat? Er war mein Freund!»

«Unser Freund. Er hat sich für uns geopfert», sagt Lilli.

«Für uns? Ach Quatsch!», ruft Randolf wütend. «Für diese blödsinnige Idee von diesem bescheuerten silbernen Segel – von dem ich immer noch nicht weiß, was das eigentlich ist und was ausgerechnet ich damit zu tun haben soll!»

«Willst du aufgeben?», fragt Lilli leise.

«Was soll denn das Ganze? Immer, immer, immer wenn ich denke, jetzt geht es endlich mal weiter – dann versetzt mir das Schicksal einen neuen Schlag ... Ich mag nicht mehr! Lass doch Eisenfuß das ganze Silber einschmelzen – was geht mich das an?»

Lilli stemmt die Hände in die Hüften. «Wem würde es nützen, wenn wir hier gleich bei den Kanonen erwischt werden?»

Randolf schaut sie an, als wenn er aus einer Betäubung erwacht. Lilli hat ja Recht! Dok hilft es überhaupt nicht, wenn er die Kanonen über Bord wirft – es wäre einfach sein eigenes Todesurteil. Eisenfuß würde ihn töten, und Lilli wäre allein.

Langsam lösen sich die blinden Rachegedanken auf.

Lilli führt ihn behutsam weg von den Kanonen und zurück zum Heck.

Schweigend schickt Randolf dem Freund einen letzten Gruß übers Meer.

«Es darf nicht sein, dass er umsonst gestorben ist ...», flüstert Lilli.

«Natürlich war sein Tod umsonst! Eisenfuß hat ihn kaltblütig –»

«Es muss einen Grund haben, dass du dieses silberne Segel retten sollst. Dok hat das gespürt – dafür gab er sein Leben.»

Randolf schweigt. Verbissen schaut er nach hinten in die Dunkelheit. Das helle, große Licht, dem das Schiff sich nähert, will er nicht sehen – er kehrt ihm den Rücken zu. Auch die innere Stimme möchte er am liebsten zum Schweigen bringen, die von einem Leben ohne Angst erzählt, von Freiheit, von Freude und innerem Frieden. Er weiß: Wenn er weiter kämpft, tut er das auch für Dok. Nur dann wird sein Tod nicht umsonst gewesen sein.

Aber er fühlt sich so müde. Wie zerschlagen. Er sieht wieder und wieder die hellen, klaren, zwinkernden Augen des Freundes, mit den Fältchen drumherum wie kleine Sonnen ... «Lass mich einfach noch eine Weile allein», bittet er.

Lilli nickt.

Randolf lehnt sich auf die Reling, den Kopf in die Hände gestützt, und schließt die Augen.

*Dschuumba – itscha – Dschuumba,* geht langsam die Trommel. Randolf hört sie verweht, wie hinter einem Nebelschleier, alles in seinem Kopf und in ihm drin ist wie ein grauer, dicker, feuchter Nebel.

Ist so das Leben auf der Welt? Müssen wir die kleinen Augenblicke der Freude hundertfach bezahlen mit quälenden Stunden und Monaten und Jahren voll Traurigkeit?

*Dschuumba – itscha – Dschuumba.*

Er schaut auf das endlos weite, dunkle Meer unter dem Sternenhimmel. Durch die Tränen verschwimmt alles. Sternenlicht und Wasser mischen sich und wechseln sich ab mit Bildern, die aus Randolfs Erinnerung emportauchen. Randolfs Geist schaukelt und schwebt über dem dunklen Wasser.

Bilder, Farben, Stimmen und Geräusche vermengen sich, lösen sich auf, bilden neue Formen und Klänge. Wunschträume, Rachegedanken – alles verschwimmt ineinander, geschieht gleichzeitig. Dok ist nicht tot. Randolf sieht, wie Dok im Haus des Schneidermeisters gemeinsam mit der Familie am Frühstückstisch sitzt. Das Bild löst sich auf, die verwischten Sterne setzen sich zu neuen Gebilden zusammen. Rache! Ein wüstes Bild: Eisenfuß wird von Randolf mit einer Kanone erschlagen …

«Wut und Traurigkeit gibt es nun einmal im Leben», hört er plötzlich Doks Stimme aus dem Totenreich, «sie gehören dazu.»

Randolf denkt nicht darüber nach, wieso er Dok hören kann. Doks Stimme spricht aus Usibepus Trommel. Die Trommelschläge sind keine Geräusche mehr, sie haben sich in Farben verwandelt.

«Wir müssen damit leben», sagt Dok, «und das ist weder gut noch schlecht – es ist einfach so. Zulassen, wenn diese Gefühle dran sind. Aber nicht draufprügeln wie der Kellner seinen Esel.»

«Welcher Kellner?», fragt Randolf. Er wundert sich gar nicht, dass er mit Dok an einem Tisch sitzt, der zwischen den Sternen über dem Wasser schwebt.

«Ein Kellner hatte von seinem Vater einen Esel geerbt. Er hätte aber lieber ein Pferd bekommen. Nun prügelte er den Esel von morgens bis abends, aus Wut, weil der Esel kein Pferd war. Das Prügeln kostete Kraft, und abends war der Kellner oft so müde vom Prügeln, dass er kaum noch arbeiten konnte. Er vergeudete seine Kraft im Kampf gegen etwas, was er nicht ändern konnte. Und hat alles verpasst, was das Leben uns an Wundern zu bieten hat.»

«Wunder?»

Plötzlich rauscht Randolf auf den Trommelklängen durch Zeit und Raum in die Welt der Eingeborenen, wie er sie auf Usibepus Insel gesehen hat. Es gibt keine Grenzen mehr, Randolfs Geist ist an mehreren Orten gleichzeitig. Unbeschwert und fröhlich ist das Leben auf der sonnigen Insel.

Nein, er ist gar nicht auf der Insel, sondern – auch darüber wundert er sich nicht – er sieht und fühlt, was Eisenfuß gerade denkt. Durch das Trommeln hat Eisenfuß sich daran erinnert, wie er mit seinen Piraten damals monatelang auf der Insel gelebt hatte. Randolf ist in diese Erinnerung getaucht.

Der Käpten sitzt wie gebannt neben dem Medizinmann. Dass eine seiner Kanonen fehlt, weiß er noch nicht. Keiner wagt ihn zu stören.

Randolfs Geist schwebt weiter, Dok führt ihn auf den bunten Trommelpfaden in den Kopf von Usibepu.

Trommelnd, mit geschlossenen Augen, hat Usibepu sich in eine Trance hineingesteigert. Was Maras Mutter aus dem Totenreich erzählt, versteht er so deutlich – und damit auch Randolf –, als würde sie seine Sprache sprechen.

Randolf taucht in die Bilder: Die Frau war noch sehr jung und trug ein Kind in ihrem Bauch, als ihre Insel von spanischen Besatzern verwüstet wurde. Ihren Mann, den Vater des Mädchens, verlor sie aus den Augen; man brachte sie gewaltsam auf ein Schiff. Ihr Kind bekam sie in Spanien. Damals war sie noch keine Hellseherin.

Immer öfter hörte sie Stimmen. Die Stimmen ihrer Vorfahren. Die Stimme eines großen Geistes, die auch Usibepu schon gehört hat.

Sie hört mehrmals eine alte Prophezeiung.

Die tote Frau sagt: «Ich habe eurem Kapitän die ganze Prophezeiung sogar in seiner eigenen Sprache aufgesagt, er hat alles gehört. Aber er war überzeugt, ich würde ihm etwas verheimlichen. Der Kapitän wollte einfach nicht glauben, dass dies schon die ganze Prophezeiung sein sollte. Er hat nicht richtig zugehört – es ist alles darin verborgen, was zu wissen notwendig ist!»

«Sag sie mir!», will Randolf rufen. «Sag mir die Prophezeiung!» Aber die Frau bemerkt ihn nicht.

Auch Usibepu bemerkt ihn nicht.

Er trommelt. Hinter seinen geschlossenen Augen sieht er, wie Eisenfuß die Frau schließlich zu Tode gefoltert hat.

Ihre letzten Worte waren: «Ihr Menschen habt die freie Wahl. Träume aus Licht oder ewige Finsternis. Und Angst. Die goldene Brücke oder die aus Eisen. Es ist eure ganz eigene, freie Entscheidung. Und ihr tragt die Folgen – so oder so.»

Das Bild verschwindet, und nun sind wieder Maras Gedanken hinter der Tür deutlich zu erkennen. Usibepu staunt, was für unerfreuliche Erinnerungen das Mädchen aus ihrem eigenen Leben mit sich herumträgt: Bilder vom Krieg der weißen Männer. Zerstörte Häuser. Bilder von ängstlichen, schreienden Menschen. Wunden und Blut. Bilder von kämpfenden, grausamen Menschen.

Kaum eine Erinnerung an Fröhlichkeit. Kennen die Weißen gar kein Leben, wie wir es führen – voller Lebensfreude und Zufriedenheit? So viele der Weißen haben ihre Eltern verloren …

Ob die Menschheit überhaupt noch auf die Idee kommt, sich für ein Leben im Licht zu entscheiden?

Das Mädchen hinter der Tür soll einem Jungen in einer pelzigen Hose helfen, sieht Usibepu.

So einen Jungen hat er an Bord dieses Schiffes gesehen!

Sie hat die Prophezeiung für den Jungen auf ein Blatt Papier geschrieben. Er hat es noch nicht abgeholt.

Randolf hält den Atem an.

Usibepu fühlt, dass er nicht Partei ergreifen darf. Seinen Auftrag hat er vom Kapitän bekommen, von seinem Lebensretter. Vielleicht ist es sogar notwendig, dass sich die Menschen gegenseitig zerstören – wenn sie es wollen. Sie dürfen sich ja frei entscheiden.

Usibepu wird dem Käpten also genau das mitteilen, was er gehört hat. Aber der Junge in der Pelzhose soll es auch wissen.

Dazu muss ihm das Mädchen hinter der Tür den Zettel geben. Das kann sie nur, wenn sie nicht in der Kammer bleibt.

Er bricht sein Trommeln ab und öffnet die Augen.

Mit einem Schlag steht Randolf wieder an der Reling. Die Reise ist vorbei. Randolf reibt sich die Augen, er hält sich an der Reling fest. Hat er die ganze Zeit hier gestanden? Er ist doch geflogen! Oder war das Einbildung? Ein Traum? Oder eins der «Wunder», von denen Dok gesprochen hatte?

«Fertig?», ruft Eisenfuß ungeduldig. Er hat sich von Dad-deldu eine Flasche Rum bringen lassen und schenkt einen Becher voll.

Usibepu lächelt. Durch nichts verrät er, was er denkt.

Unbeobachtet nähert sich Randolf und schaut zu, was weiter geschieht.

Usibepu scheint den Käpten zu hypnotisieren. Wie unter einem Bann, als sei es nicht seine eigene Idee, gibt Eisenfuß den Wachen ein Zeichen: «Holt die Kleine raus!» Er schlürft einen tiefen Schluck Rum.

Ein Riegel wird hochgeschoben, ein Schlüssel dreht sich im Schloss.

Usibepu führt Mara an der Hand aus ihrem Gefängnis.

Er löst ihr das Tuch vom Mund und tut so, als ob er mit seinem Messer die Handfesseln zerschneidet. Natürlich sieht er, dass sie längst zerschnitten sind und Mara sich das Seil nur um ihre Hände gewunden hat, so, als seien sie noch gefesselt.

Mara und Usibepu schauen sich an.

Beide wenden die Köpfe zu Eisenfuß.

Im Chor sprechen sie auf Deutsch:

*«Ist einer mutig genug, glaubt einer an den Traum, macht sich einer auf den Weg.*

*Unsere Herzen, dunkel vor Angst, ersehnen den Schimmer des silbernen Segels …»*

Eisenfuß hört mit wachsendem Grauen zu. Dies ist wortwörtlich dieselbe Prophezeiung, die ihm damals die Wahrsagerin verkündete, bevor sie starb. Ist ihr Geist hier erschienen? Aus Rache?

«Aufhören!», will er schreien.

Ist dies eine Anklage? Wissen das Mädchen und der Medizinmann, dass er die Frau getötet hat? Aber blitzartig wird ihm klar, dass in diesen Worten ein Schlüssel verborgen sein muss, den er übersehen hat, und er hört zu, wie die Prophezeiung weitergeht:

*«Ist einer mutig genug, glaubt einer an den Traum, macht sich einer auf den Weg.*
*Unsere Herzen, dunkel vor Angst, ersehnen den Schimmer des silbernen Segels.*
*Eines Tages kommt die Zeit. Einer stellt sich den Gefahren, vertraut dem Licht die Herrschaft an.*
*Hat er befolgt die zweite Regel, zeigt sich weit weg das Silbersegel.*
*Und dann von nahem, ganz dicht dran, packt er die dritte Regel an.*
*Wird er zerstören, wählt er die Gier? Die Eisenbrücke wär bereit.*
*Will er es reiten, als Passagier? Dann endete die dunkle Zeit.*
*Nur muss er sein Verlangen zügeln und darf kein Hass im Herzen sein,*
*sonst bleibt der Wächter stets ein Feind. Was du dir selber wünschst, das gib dem gepanzerten Polyp.*
*Die Brücke zum Segel, nur scheinbar aus Eisen, wird sich als golden dann erweisen.»*

Eisenfuß stürzt gierig einen Schluck Rum herunter.

Zum Teufel, was soll das heißen?

Ein gepanzerter Polyp! Eiserne und goldene Brücken!

Warum wird nicht klar gesagt, wie man das silberne Segel entern kann?

Wir sind schon so nahe dran!

Wenn es aus wirklichem Silber ist – dann müssen es doch endlich auch mal die anderen sehen können …

Er stampft krachend über das Deck, die Flasche in der Hand.

Im nächsten Augenblick hat er Mara und Usibepu und alles andere vergessen. Starr vor Schreck steht er vor der leeren Schießscharte … Eine Kanone fehlt! Er brüllt auf wie ein verwundetes Tier. Eine seiner gehegten, über alles geliebten Kanonen! Sein kostbarster Besitz!

Ist das ein Zeichen? Erst der Geist dieser Wahrsagerin, der Tod – und jetzt die fehlende Kanone … Er starrt auf das große, helle Licht. Ich muss wachsam sein. Was will mir das Schicksal mit diesem Zeichen sagen? Das Unheil kommt näher? Kein unbedachter Fehler so kurz vor dem Ziel! Der Silberschatz ist schon zum Greifen nah!

19. Kapitel

# Der Ofen glüht

In dem Ruderboot, das hinten am Heck zwischen Seilen hängt und hoch über dem Wasser schaukelt wie eine Wiege, liegen Lilli und Mara unter der Abdeckplane und schlafen. Sie haben die halbe Nacht hindurch miteinander geredet. Wieder und wieder waren sie sich um den Hals gefallen und haben ihr Wiedersehen gefeiert.

Randolf ist wach geblieben.

Er hält Ausschau, ob Gefahr droht.

Seine Lage war noch nie so gefährlich. Beim geringsten Anlass wird Eisenfuß ihn töten. Jetzt, wo er alles weiß, gibt es für ihn keinen Grund mehr, ihn am Leben zu lassen. Und Lilli? Und Mara? Es sei gegen die «Piratenehre», einer Frau oder einem Mädchen Leid anzutun, hatte Dok gesagt. Aber kann man da bei Eisenfuß so sicher sein?

Nur solange sie sich ruhig verhalten und nicht unnötig die Aufmerksamkeit auf sich lenken, haben sie die Chance, dass er gar nicht an sie denkt. Hoffentlich ist er mit seinen eigenen Sorgen genug beschäftigt.

Soll er sich bei den anderen unter der Plane im Ruderboot verstecken? Wenn aber keiner von ihnen mehr an Bord zu sehen ist – würde er sie dann nicht erst recht vermissen und womöglich suchen lassen?

Was ist richtig, was ist falsch?

Auch Usibepu schläft, im Sitzen, an die Reling gelehnt.

Die Nacht über ist alles ruhig geblieben. Wie jeden Abend hatten die Piraten nur noch ans Fressen und Saufen gedacht.

Ein neuer Tag. Hinter dem Schiff, in der Richtung, wo Dok verschwunden war, ist gerade die Sonne aufgegangen.

Vorne am Bug sitzt immer noch Eisenfuß und blinzelt in das Licht des silbernen Segels. Auch er ist die ganze Nacht wach geblieben.

Im Schein der gleißenden Morgenröte liest Randolf wieder und wieder die Zeilen auf dem Zettel, den Mara ihm in der Nacht gegeben hatte.

In das Papier waren sein Messer und der Kohlestift eingewickelt.

Er hatte den Zettel auseinander gerollt, wollte ihn schon an Lilli weitergeben –

Aber das war ja gar nicht in Spanisch!

Noch immer kann Randolf kaum fassen, dass der Text tatsächlich auf Deutsch geschrieben ist.

«Meine Mutter hat die Prophezeiung in vielen Sprachen gehört», hatte Mara auf Spanisch erklärt, und Lilli übersetzte es für Randolf. «Ich sollte den Spruch in allen Sprachen auswendig lernen, denn Mutter wusste nicht, was für ein Landsmann der Junge in der Pelzhose sein würde.»

«Will er zerstören? Wählt er die Gier?», liest Randolf.

«Die Eisenbrücke wär bereit.
Will er es reiten, als Passagier?
Dann endete die dunkle Zeit …»

Usibepu ist aufgewacht. Er murmelt die Worte mit, wie ein seltsames Echo.

Eisenfuß, die Sonne im Rücken, sieht vor dem Bug eine Bewegung auf dem Wasser. Dort schwimmt etwas, zwischen der *Kralle* und dem silbernen Segel.

Er kneift die Augen zusammen und beschirmt sie mit der Hand, so stark blendet inzwischen das weiße Licht.

Da! Wieder hat sich im Meer etwas bewegt. Etwas Großes, Dunkles. Ab und zu taucht es unter, dann taucht es plötzlich an anderer Stelle wieder auf.

Beim Herankommen kann Eisenfuß Einzelheiten unterscheiden: der große Kopf eines riesigen Kraken. Rötlich braun wie verrostetes Eisen. Die mächtigen, gespreizten Krakenarme breiten sich wie Seeschlangen weit nach allen Seiten im Wasser aus. Dieser Krake hat keine so glitschig-glänzende Haut wie alle anderen Kraken, die Eisenfuß je gesehen hat – dieser Polyp ist gepanzert mit vielen kleinen rötlichen, matten Schuppen, die aussehen wie rostige Eisenplatten.

Der Wächter. Der Beschützer des silbernen Segels.

Teufel, Teufel! Hat die alte Hexe Recht gehabt. Alles hat bisher gestimmt, ihre Weissagungen und auch seine Träume …

Ist das ein lebendiges Wesen? Oder ein mechanischer Apparat?

Eisenfuß trinkt einen kräftigen Schluck Rum aus der Flasche.

Wie war das noch? Der Held soll sofort Mut zeigen. Nicht zaudern. Als Zugabe gibt's dann sogar noch eine Brücke aus Gold zu erbeuten!

Wie dick mag der Eisenpanzer sein? Ob seine Kanonenkugeln ihn durchschlagen können?

Die mächtigen Fangarme pflügen kraftvoll durch das Wasser. Ein Schlag damit, und die *Kralle* würde sinken.

Das Ungeheuer hat Augen wie ein Lebewesen.

Am liebsten würde Eisenfuß es sofort töten. Befehl geben zum Feuern!

Er hält inne.

*«Was du dir selber wünschst, das gib dem gepanzerten Polyp …»*

Hm. Vielleicht ist es falsch, das Ding zu beschießen. Womöglich wird es nur wütend, taucht unters Schiff und bringt sie zum Kentern …

Eine neue Kanone – das ist es, was ich mir wünsche!

Er verschluckt sich am Rum und prustet wütend, als ihm klar geworden ist, was das bedeuten würde. Ha! Soll er etwa noch eine von seinen guten Kanonen opfern und diesem Ungeheuer in den Rachen schmeißen?

Auge in Auge steht er dem gepanzerten Polypen gegenüber.

Nach dem ersten Schreck über das Auftauchen des Ungeheuers haben sich die Piraten noch nicht wieder gefasst. Verängstigt drängen sie sich in einem Pulk aneinander.

«Daddeldu!», brüllt Eisenfuß plötzlich. «Reiß in meiner Kapitänskajüte das Ofenrohr von der Wand! Na, wird's bald?»

«Das – Ofenrohr?» Verwirrt wieselt Daddeldu herbei. «Rausreißen? Aus der Kajüte? Aus der Wand?»

«Jawohl! Und bring es mir sofort!»

«Ay, ay, Käpten!» Daddeldu sputet sich, um den Befehl auszuführen.

Zach lispelt leise: «Ist Eisenfuß noch ganz bei Trost?»

Eisenfuß hat die letzten Worte gehört. Plötzlich ganz kalt und nüchtern, zischt er bösartig: «Es kommt euch wohl gar nicht in den Sinn, dass euer Käpten weiter denkt, als ihr euch das in euren Quallenhirnen vorstellen könnt?»

Er nimmt das Ofenrohr, das Daddeldu gebracht hat. «Stellt euch vor, dieses Rohr, mit einer dicken Eisenschicht drum herum, ein Mantel aus geschmolzenem Eisen ... Ich werde dem gepanzerten Polypen das schenken, was ich selbst am allerliebsten hätte – eine Kanone!»

Unsicher starren die Männer ihn an. «Eine Kanone?»

Eisenfuß ruft dem Schmied zu: «Morten! Heiz den

Ofen an!» Er trinkt einen tiefen Zug Rum. «Rückt alles raus, was ihr an Eisen findet! Dein Schlüsselbund! Und deine Gürtelschnalle! Alles, was schmilzt, brauchen wir für unsere Kanone!»

Die Piraten setzen sich in Bewegung.

Aus dem Laderaum wird Brennholz geholt.

Suppenkelle!

Küchenmesser!

Eisenteil um Eisenteil wird herbeigeschleppt.

Im Arbeitseifer und Getümmel ist es nicht aufgefallen, dass Randolf verstohlen zu den schlafenden Mädchen ins Ruderboot geklettert ist. Über den Rand, durch einen Spalt in der Abdeckplane, beobachtet er von weitem den gepanzerten Polypen. Das Ding sieht wirklich zum Fürchten aus! Ein Ungeheuer. Wie groß mag es sein? Größer als das Piratenschiff? Bestimmt. Die Krakenarme sind dicker als der Hauptmast der *Kralle*. Was kann er tun? Eisenfuß handelt schon. Er selbst hat ihm das ermöglicht! Nur weil Randolf eine Kanone versenkt hat, wünscht Eisenfuß sich eine neue – und weiß darum, was er dem gepanzerten Polypen schenken kann. Und Randolf? Was wünscht er sich? In dumpfes Brüten versunken, schaut er dem Treiben der Piraten zu.

«Sägeblätter!»

«Eisenzange!»

«Türbeschläge!»

«Noch mehr Brennholz!»

Übers ganze Schiff schwirren die Piraten.

Heißer muss das Feuer glühn! Heißer! Noch heißer!

Gut, dass wir nicht im Weg stehen, denkt Randolf.

Lilli und Mara sind wach geworden.

Flüsternd tuschelt Randolf mit ihnen und zeigt auf das riesenhafte Ungetüm im Wasser.

«O Gott!» Lilli, die Augen weit aufgerissen, schlägt sich vor Schreck auf den offenen Mund.

Mara ist nicht so überrascht; sie kennt das Bild dieses rostigen Wesens schon aus einem Traum.

Usibepu sitzt schweigend in der Ecke.

Lilli und Randolf lesen noch einmal flüsternd die Prophezeiung auf dem Zettel. «Die Brücke zum Segel, nur scheinbar aus Eisen, wird sich als golden dann erweisen ...»

Unter die letzten Zeilen schreibt Randolf die Worte «Gleich Mut». Er zieht sein Amulett unter dem Hemd hervor und zeigt es Lilli: «Bei mir steht Gleich, bei Eisenfuß steht Mut. Das ist die dritte Aufgabe.» Und Eisenfuß ist dabei, sie zu erfüllen, setzt er im Geiste hinzu. Er handelt, während ich hier zaudere und grüble ...

Luis, der spanische Zimmermann, grummelt in der Nähe des Bootes ärgerlich etwas vor sich hin. Lilli versteht es. Sie unterdrückt ein Kichern und übersetzt flüsternd, als Luis wieder außer Hörweite ist, was er gesagt hat: «Soll der Alte doch seinen Klumpfuß einschmelzen – ich würde ihm auch einen aus Holz schnitzen!»

Polternd hasten die Männer hin und her.
«Hier, der Hammerkopf!»
«Kerzenleuchter!»
«Nägel! Große und kleine …»
Heiß glüht das Feuer im Schmiedeofen.

Lilli lässt nachdenklich ihren Zeigefinger über die geprägten Metallbuchstaben auf Randolfs Amulett fahren.

*«Folge dem*
*Wer lernt*
*über Leben*
*GLEICH»*

«Ist das letzte Wort bei Eisenfuß eigentlich auch in Großbuchstaben geschrieben?», fragt sie leise.

Randolf tippt sich an die Stirn. «Natürlich!», raunt er. «Sogar mit Ausrufungszeichen! Das ist es!» Und er schreibt, in großen Buchstaben, wie es auf den Amuletten geschrieben steht, als ein einziges Wort:

«GLEICHMUT!»

Und plötzlich weiß er auch, was mit den rätselhaften Zeilen gemeint ist:

*«Nur muss er sein Verlangen zügeln*
*und darf kein Hass im Herzen sein …»*

Gleichmut, natürlich.

Wenn er dem Wächter gegenübertritt, darf er keine Angst haben, dass er das silberne Segel womöglich nicht erreicht. Sich nicht von einem übermächtigen Verlangen beherrschen lassen! Und von keinem unversöhnlichen Hass …

Das ist der Schlüssel.

«Aber wie bekommt man Gleichmut? Was ist der Trick?»

Lilli zuckt ratlos mit den Schultern.

Seit Tausenden von Jahren ist das silberne Segel bereit. Aber bisher haben die Menschen es nicht geschafft, dem Licht zu vertrauen. Sie haben sich immer wieder für die Gier entschieden, für Hass und Kampf und Krieg.

Dem Helfer des silbernen Segels ist es gleichgültig, wer die drei Aufgaben löst. Wer immer es sei, mit welchen Absichten auch immer – der Helfer wird denjenigen über die Brücke lassen, der die Bedingungen erfüllt hat.

Gold zur Rettung, Eisen zur Vernichtung. So wurde es vor undenklichen Zeiten bestimmt. Die Menschen haben die freie Wahl. Der Helfer des silbernen Segels ist nur ein Instrument ohne eigenen Willen.

Morten, der Schmied, wirft sein Werkzeug aus der Hand. «So! Mehr war nicht drin, Käpten – mit diesem Material und ohne richtige Gussform!» Geringschätzig mustert er die krumpelige Kanone, die noch vor Hitze dampft. «Ist ’n richtiges Schätzchen geworden!»

Eisenfuß tritt heran. Das dicke Eisenrohr, einer Kanone entfernt ähnlich, sieht wahrlich nicht so aus, als könne man damit gut schießen oder gar treffen. Aber das rostige Monster kann ja unter Wasser ohnehin kein Schießpulver zünden …

Es geht nur darum, dass diese Kreatur Eisenfuß glaubt und vertraut. Er wünscht sich nun mal eine Kanone, und nichts anderes wird er ihr schenken.

Laut ruft er: «Du kriegst gleich deine Kanone! Muss erst noch abkühlen – so heiß können wir sie nicht tragen! Jungs – wo ist der Rum?»

Randolf überlegt fieberhaft. «Was könnte ich ihm bloß geben?»

«Was würdest du dir selbst am meisten wünschen?», fragt Lilli zurück.

«Dass Dok noch lebt», murmelt er. «Aber wie sollte ich das diesem Wächter schenken können?»

«Du siehst, Polyp, ich hab gleich den Mut gehabt, die Kanone für dich bauen zu lassen», ruft Eisenfuß, berauscht von seiner Gewissheit, das Ziel zu erreichen. «Und ich hab dafür Opfer gebracht! Alles, was wir noch an Eisen hatten – sogar mein Werkzeug und Besteck …»

Unter der sengend heißen Südseesonne bleibt das geschmolzene Eisen lange weich. Zeit genug für noch einen Schluck Rum.

Liegt es an Usibepus Gegenwart in diesem engen, halb dunklen Ruderboot? Ist es, weil er und Mara so ruhig und gleichmäßig atmen?

Randolf fühlt sich wie durchströmt von einer belebenden Kraft. Er lehnt sich mit dem Rücken an die Bordwand und atmet tief durch. Dieser Medizinmann strahlt etwas Besonderes aus. So ähnlich wie Dok damals beim Netzflicken, aber noch stärker und intensiver.

Dok ... Plötzlich richtet Randolf sich auf. Hatte ihm Dok nicht längst gezeigt, was Gleichmut ist? Kein übersteigertes Verlangen mehr, das Schiff zu verlassen, auch kein grenzenloser Hass mehr gegen Eisenfuß. Nicht mal gegen die Arbeit hatte er Abneigung, und er sehnte sich auch nicht ungeduldig danach, sie hinter sich zu bringen ...

«Verflixt – wir müssen uns was einfallen lassen! Und zwar schnell!», ruft Lilli plötzlich. Sie hat die Plane ein Stück zurückgeklappt und zeigt erschreckt über den Bootsrand.

## 20. Kapitel

# Das silberne Segel

Eisenfuß sitzt vor der heißen Kanone auf einer Taurolle und starrt wie gebannt aufs Wasser. Der gepanzerte Polyp bewegt sich. Er schiebt eine Hälfte seiner Krakenarme so zusammen, dass sie ausgestreckt dicht nebeneinander im Wasser liegen wie die Balken eines Floßes. Ein Floß, das sich nach vorne streckt, in Richtung der *Kralle*. Die hintere Hälfte der Krakenarme, ebenso gestreckt und gebündelt, dehnt er als Verlängerung in Richtung des silbernes Segels. Der Polyp bildet eine rostrote, lang gestreckte, dunkle Fläche auf dem Wasser.

Eine schwimmende Brücke aus Eisen!

Gleich ist es so weit! Wie siegessicher der Käpten ist … Randolf fühlt, dass in seinem Hals ein dicker Kloß wächst. Eisenfuß wird als Erster über die Brücke zum silbernen Segel gelangen und es zerstören. Und er? Was soll er nur tun? Ist nun doch alles vergeblich gewesen?

Wütend wischt er sich über die Augen.

Wie kann eine Macht es bloß zulassen, dass immer wieder die Bösen siegen? Im Krieg schlachten blutgierige Soldaten hilflose Familien ab. Randolf wurde in eine kalte Welt geworfen und musste ums Überleben kämpfen. Der Schneidermeister hat ihn rausgeschmissen, weil er ihn für einen Dieb gehalten hat. Wirkliche Diebe kommen davon, sie stehlen Geldbeutel auf Jahrmärkten und werden nicht erwischt. Und Dok, Randolfs einziger wirklicher Freund, ist umsonst gestorben. Sein Mörder wird über ihn triumphieren … Was hat er denn bloß falsch gemacht?

«Du hast alles richtig gemacht. Warum zauderst du wieder?», übersetzt Lilli einen Satz, den Mara plötzlich auf Spanisch gesagt hat.

Kann Mara seine Gedanken lesen?, fragt Randolf sich überrascht.

«Ja!» Lilli übersetzt Maras Antwort. «Es geht nicht um Gut und Böse, es geht nicht um Strafe und Schuld. Dir hat sich eine Schwierigkeit in den Weg gestellt. Das heißt nicht, dass du bestraft wirst, weil du etwas falsch gemacht hast. Und es heißt auch nicht, dass Eisenfuß schon gewonnen hat.»

«Aber – wenn er nun das silberne Segel zerstört?»

«Je mehr Angst du davor hast, desto sicherer wird sie dich lähmen. Sei wach! Wie entschlossen sind wir? Zum einen oder zum anderen Ziel?»

Entschlossenheit?, denkt Randolf. Also nicht nur Gleichmut, sondern auch: gleich Mut? Er spürt, wie Usibepus Augen auf ihm ruhen und lächelnd auf den Grund seiner Seele blicken.

Er fühlt sich verstanden und gleichzeitig durchschaut.

Warum mache ich mir immer wieder Sorgen, fühle mich immer wieder klein und schwach? Bislang habe ich doch alles geschafft!

Dieser Usibepu strahlt etwas aus, was ansteckend ist. Eine fröhliche Kraft, die Dok gefehlt hat. Dok hatte sich klaglos mit seinem Schicksal abgefunden. Dieser Mann aber vertraut darauf, dass ihm in seinem ganzen Leben überhaupt nichts passieren kann.

Vertrauen. Das ist es!

Und plötzlich ist das Gefühl aus dem Traum wieder da, wenn Randolf sich von dem hellen Licht durchströmt und geborgen fühlte.

Jetzt geht es ums Vertrauen.

Kann man das lernen, von einem Moment zum anderen?

Die *Kralle* schaukelt. Beim Ausstrecken hat der gepanzerte Polyp das Wasser in Wallung gebracht. Eine Welle erfasst das Schiff, die *Kralle* hebt sich – die Kanone beginnt zu rollen! Gerade noch rechtzeitig hält sie der ausgestreckte eiserne Fuß des Käptens fest. Beinahe wäre sie über Bord gegangen!

Eisenfuß spürt, wie sein Blut in den Adern pocht. Das Biest hat ihn verstanden, jubelt er innerlich. Für ihn breitet es seine Arme aus! Für ihn! Wenn sie die eiserne Brücke vorsichtig über das Wasser schieben, bis sie mit der anderen Seite das Silber berührt – dann kann er bequem rübergehen und sich die Beute holen!

«Leute, heizt den Ofen weiter!», ruft Eisenfuß. «Gleich

gibt's Silber – mehr, als ihr tragen könnt! – Backbord! Mehr backbord!», brüllt er dem Steuermann zu und starrt auf die schwimmende Brücke. «Vorsicht! Nicht so hastig!»

Ein Stückchen noch, dann berühren sie den Polypen, und sie können die Kanone zu ihm runterlassen. Dann hat er alle drei Aufgaben erfüllt, und nichts kann ihn mehr aufhalten!

Randolf ist aufs Deck getreten. Wach sein! Beobachten, was geschieht! Alles überblicken! Vielleicht ergibt sich eine Gelegenheit, einzugreifen. Er fühlt, dass es falsch wäre, sich weiter im Boot zu verstecken und Eisenfuß den Sieg kampflos zu überlassen.

Über dem Meer wird es dunkel. Noch immer hat Randolf sich nicht daran gewöhnt, dass Tag und Nacht hier so abrupt wechseln, ohne Zeit der Dämmerung, und er ist jedes Mal überrascht, wenn es plötzlich dunkel wird. Mit einem Schlag ist es kühl geworden auf dem Meer.

Da! Ein Stoß bebt durch die Planken ... «Wir berühren die eiserne Brücke!», ruft Daddeldu.

Eisenfuß will aufspringen, aber etwas reißt ihn zurück, und er stolpert. Verflucht, was ist los? Sein Fuß, den er wuchtig ins weiche Eisen gedrückt hatte, ist an der erkalteten Kanone festgeschweißt. Bevor der Käpten stürzt, klammert er sich an Bänki fest, der ihm am nächsten steht.

«Das verdammte Ding klebt mir am Fuß ...»

Bänki betrachtet die Sache mit dem fachmännischen Blick eines Schmieds: «Sauber verschweißt. War wohl doch noch höllisch heiß …»

Eisenfuß brüllt: «Bringt mir eine Eisensäge, verdammt nochmal, ich muss das Ding vom Fuß loskriegen!»

Zach lispelt: «Du selbst hast die Eisensäge ins Feuer geschmissen!»

Eisenfuß starrt auf die Kanone am Fuß. Sie ist so schwer, dass er sie nur mit äußerster Kraft ein Stück hinter sich herschleifen kann. Er knirscht mit den Zähnen. Das Blut schießt ihm ins Gesicht. Er muss wie ein Tölpel aussehen! Die Kanone ans Bein geschweißt wie ein fetter Klumpfuß! Er kann nur kriechen wie eine Schnecke – sie verlieren den Respekt vor ihm!

Seine Männer sind still geworden. In ihren Blicken zeigt sich Überraschung. Keine Unterwürfigkeit mehr, kein Gehorsam, kein Vertrauen in ihren Kapitän.

Ein Grauen durchfährt ihn. «Glotzt nicht so dumm rum! Helft mir gefälligst!», brüllt Eisenfuß mit Donnerstimme.

Die Männer betrachten ihn, als würden sie ihn mit neuen Augen sehen.

«Ihr müsst Euch den eisernen Fuß abschnallen, Kapitän», bringt Daddeldu hervor.

Natürlich weiß Eisenfuß, dass Daddeldu Recht hat. «Dann holt mir meine Krücke, verdammt nochmal! Aus meiner Kajüte!»

Daddeldu wieselt los, gewohnt, seinem Käpten gehorsam zu sein.

Sie hassen mich, durchzuckt es Eisenfuß. Ja, sie hassen mich. Sie hassen mich schon seit langem, alle, sie haben mich immer gehasst, und gehorcht haben sie nur, weil sie Angst vor mir hatten. Angst ... Und jetzt, wo ich hilflos bin ... Wo bleibt Daddeldu mit der Krücke?

Als er die Prothese endlich abschnallt und sich auf die Krücke stützt, fühlt er sich auch nicht behaglicher. Ganz selten nur hat er sich so vor den Männern gezeigt. Mit dem flatternden Hosenstoff anstelle des fehlenden Fußes kommt er sich entblößt vor. Verwundbar.

Vor allem stört ihn der durchdringende Blick dieses unheimlichen Medizinmanns, der nun ebenfalls aus dem Ruderboot gekommen ist. Als ob er ihn durchschaut. Kann er seine Gedanken lesen? Er weiß, dass er die Wahrsagerin damals umgebracht hat, fährt es ihm plötzlich durch den Sinn. Eisenfuß muss verhindern, dass er das seinen Leuten verrät! «Tötet ihn!», will er den Piraten zurufen –

Da kneifen die Männer geblendet die Augen zusammen und treten erschreckt ein paar Schritte zurück: Die eiserne Brücke, als Verbindungsglied von der *Kralle*, hat das silberne Segel berührt, und nun können alle das strahlende Licht sehen.

Randolf fühlt: Warten können und vertrauen, das sind die Quellen der Kraft. Nicht nervös werden, nichts überstürzen!

Bänki fasst sich als Erster. Er stellt eine Frage, die Eisenfuß den Atem stocken lässt: «Womit aber sollten wir bitt' schön das viele Silber zerschneiden – ganz ohne Werkzeug?»

Alles eingeschmolzen für die Kanone, dröhnt Eisenfuß durch den Kopf. Warum war ich zu geizig, eine von meinen guten Kanonen zu opfern? Von der Silberbeute könnte ich mir tausend neue kaufen!

Er reißt sich zusammen. «Anker werfen! Wir machen hier fest. Das Silber nehmen wir dann ins Schlepptau und ziehen es zum nächsten Hafen! Aber zuerst muss das Ungeheuer die Kanone bekommen!»

Unwillkürlich gehorchen die Piraten. Die Ankerkette wird heruntergelassen.

Zach zeigt auf die Ofenrohrkanone. «Sollen wir den eisernen Fuß dranlassen?», lispelt er.

«Jaja – was denn sonst? Nun macht doch endlich! Holt lange Tampen! Wickelt die Kanone fest! Lasst sie dann langsam runter zur Brücke, und ich kletter hinterher!»

Er kann es kaum abwarten, das Silber zu berühren. Anfassen! Noch kann alles gut gehen. Schlepptau, ja! Im nächsten Hafen finden wir Werkzeug, um das Silber zu zerkleinern, und ich kann mir einen neuen Eisenfuß machen lassen …

Randolf zwingt sich, ruhig und gleichmäßig zu atmen. Noch ist nichts verloren, sagt er sich. Noch besteht die Möglichkeit, dass ihm etwas einfallen wird …

Die Piraten haben die Kanone fest umwickelt.

Eisenfuß klemmt sich die Krücke hinten in den Gürtel, packt mit beiden Händen die heruntergelassene Strickleiter und klettert hinab. «Die Kanone lasst ihr runter, wenn ich's sage!»

Randolf steht zwischen Mara und Usibepu. Ihren ruhigen Atem spürt er dicht in seiner Nähe. Lilli hat ihn an der Hand gefasst. Und plötzlich weiß er, was er tun kann.

«Schau mir in mein Herz, gepanzerter Polyp», flüstert er. «Was erkennst du in mir? Welchen Wunsch? Welche tiefe Sehnsucht? Was es auch sei – ich möchte es dir geben!»

Vorhin, bei Usibepus Blick, war es ihm noch unangenehm gewesen, sich in die Seele schauen zu lassen. Er fühlte sich peinlich berührt, schämte sich für seine Zaghaftigkeit … Jetzt ist alle Scheu vorbei. Es macht ihm nichts mehr aus, sich vollkommen offen zu legen. Guck mich an – so bin ich nun mal! Ja, ich habe Angst! Ja, ich bin manchmal feige! Ich gebe mir Mühe. Manchmal mache ich Fehler …

Eisenfuß hat unten die schwankende Brücke erreicht. Er stützt sich auf die Krücke und hält mit der anderen Hand das Seil fest, an dem die Kanone hängt. «Noch ein Stück weiter runter! Vorsichtig! Langsam! Jetzt absetzen!»

Randolf schaut von oben an der Reling zu, wie Eisenfuß die schwimmende Brücke entlang zum Kopf des Polypen humpelt. Nur mühsam kann er das Gleichgewicht halten. Er klammert sich an den Gedanken, dass sich das silberne Segel am Schiff befestigen und ziehen lassen wird. Aber Eisenfuß glaubt selber kaum daran. Kein Stück weit werden sie dieses riesige, schwere Silberding von der Stelle schaffen! Der nächste Hafen ist Hunderte von Seemeilen entfernt! Und der Polyp aus Eisen? Ob der sie einfach fahren lässt? Irrsinn! Das Ganze ist völlig verrückt. Und er hat's verpfuscht …

«Du siehst, da liegt die Kanone», ruft er mit zitternder Stimme, «die schenk ich dir! Was du damit machst, ist deine Sache, davon steht nichts in den Regeln … Ich kletter jetzt über deinen Kopf zum silbernen Segel, und du wirst mich nicht aufhalten … – Männer!», brüllt er plötzlich, ihm ist eine Idee gekommen. «Kanonen bereitmachen! Sobald das Ungeheuer sich muckt, feuert aus allen Rohren!»

Von oben gesehen, sieht seine schaukelnde, hüpfende Gestalt vor dem gleißenden Licht so klein aus wie eine Krähe mit verklebtem Gefieder. Ein armseliges Wesen, denkt Randolf.

Er wundert sich nicht, dass er plötzlich hören, sehen und fühlen kann, was Eisenfuß fühlt und denkt, es erscheint ihm ganz natürlich –

Er weiß nicht, dass er Gedanken lesen kann, weil er seinen eigenen Kopf geöffnet hat –

Er wundert sich nur, dass ein Mensch sich selbst so sehr hassen kann, wie der Käpten es tut.

Ja, Eisenfuß hasst sich. Er hat sich immer gehasst. Minderwertig hat er sich gefühlt, schon als Junge. Sein Vater, ein Bauer, hatte ihm nie vertraut. Im Gegenteil. Er hat ihn verprügelt und angeschrien: «Niete! Null! Versager! Du Faulpelz wirst niemals den Hof erben!»

Er war geflohen. Weg, weit weg von allen Bauernhöfen dieser Welt, raus aufs Meer! Dem Vater werd ich zeigen, was ich für ein Kerl bin! Allen werd ich's zeigen! Der ganzen Welt! Und hab ich das nicht geschafft?

Wie jeder grausame Herrscher, wie jeder Unterdrücker hat er sein Leben lang aus Hass gehandelt. Hass auf andere, Hass gegen sich selbst. Und seine Tapferkeit, sein Mut? Das war Tollkühnheit gewesen. Leichtsinn. Sein Leben war ihm wenig wert, da konnte er es leicht aufs Spiel setzen.

Das kleine schwankende Wesen, das jetzt die Krücke fallen lässt, sich an das silberne Segel drückt und es mit seinen kleinen Krallen zu packen versucht, diese jämmerliche Gestalt auf einem Bein, die sich ans Silber klammert und nicht weiß, was es nun mit diesem gewaltigen Schatz anfangen soll – ist das der Feind, den Randolf fürchten soll?

Plötzlich ist da keine Furcht mehr, dass Eisenfuß sein Ziel erreichen könnte. Was geschehen wird, muss geschehen. Randolf wird alles tun, um das silberne Segel zu retten – aber wenn es nicht sein soll, dann ist es eben so …

Randolf fühlt sich plötzlich stark. Mutig. Ja, aus Gleichmut wächst gleich Mut! Er fühlt sich beschützt von einer mächtigen Kraft.

«Meins! Meins! Alles meins!», flüstert Eisenfuß und streichelt das Silber. Wer nichts lieben kann – nichts auf der Welt und auch sich selber nicht –, braucht immer neue Beweise für die eigene Tüchtigkeit. Applaus! Erfolg! Unterwerfung! Macht! Beute! Mehr! Mehr! Mehr!

Gleichzeitig hämmert die Gewissheit: Er hat es verpfuscht! Ihm ist ganz übel vor Scham. Alle Kanonen würde er geben für eine einzige lumpige Säge oder für ein einziges Beil. Und jetzt? Selbst wenn sie alle Tampen an Bord zu einem einzigen langen und dicken Tau zusammenknoten könnten – wie sollte er es um das silberne Segel herumwickeln? Man könnte es nirgendwo befestigen …

Mein Vater hat Recht behalten – letzten Endes bin ich ein Versager!

Erschüttert betrachtet Randolf diese Mischung aus Minderwertigkeitsgefühlen, Getriebensein, Angst vor Nichtbeachtung, Hass, Verbitterung, Selbstmitleid und ohnmächtigem Zorn gegen die ganze Welt. Er ahnt, welche Schrecken diese Seele durchlitten hat und welche Schmerzen es bedeutete, als der Käpten sich in Todesangst mit dem Beil das eigene Bein zerhackte …

Angst und Hass. So war es auch damals im Kerker. Er fürchtete die Demütigung und die Schmach, vor aller

Augen hingerichtet zu werden – und dazu kam eine böswillige Lust, sich selber zu zerstören, sich wehzutun.

Und Randolf spürt –

Kann das sein?

Er hat Mitgefühl mit diesem zerrissenen Menschenwesen, das so mühsam über die schuppigen, rostigen Krakenarme gehumpelt ist und das Silber umarmt – wie ein Kind, das sich nach seiner Mutter sehnt.

Und plötzlich weiß er, was Dok ihm geschenkt hatte und was er seit seinem Tod so schmerzlich vermisst wie nichts auf der Welt – etwas, was Eisenfuß nie im Leben kennen gelernt hat: «Freundschaft!», flüstert er.

Er weiß, was Eisenfuß in seinem Leben an Grausamkeiten begangen hat. Könnte Randolf ihm verzeihen? Dok hat es gekonnt, fällt Randolf ein. Dok hat den Mann sogar gepflegt, der ihn entführt hatte. Ohne Rachegedanken. «Ich bin Arzt und kein Richter», hatte Dok gesagt.

Wenn Eisenfuß aufhören könnte mit dem Hass gegen andere und gegen sich selbst!

Er denkt, die Welt sei gegen ihn und er muss gegen sie kämpfen. Was will er mit dem ganzen Silber? Wird es ihn glücklicher machen? Weniger einsam?

«Feuer frei!», brüllt Eisenfuß von unten. «Auf das Segel!» Wenn er das Silber schon nicht haben kann, will er es wenigstens zerstören. Damit es kein anderer kriegt! Ein paar Brocken wird er schon retten können, das ist immer noch mehr als der größte Silberschatz, den er jemals erbeutet hat …

«Du bist genauso bedauernswert wie der gepanzerte Polyp», sagt Randolf. «Als ob auch du dein ganzes Leben lang einsam und allein um ein silbernes Segel herumgeschwommen bist … ja, völlig vereinsamt … Ich weiß, wie sich das anfühlt … Können wir nicht doch irgendwie Freunde werden?»

«Nun schießt endlich!», kreischt Eisenfuß. Plötzlich fühlt er, dass ihm die Brücke unter dem Fuß wegrutscht. Krampfhaft klammert er sich am silbernen Segel fest.

Lilli drückt fest Randolfs Hand. «Die Brücke!», haucht sie atemlos. «Sie bewegt sich!»

«Nein, nicht schießen, nicht schießen – ich kann mich kaum noch halten …!» Die Stimme von Eisenfuß ist nur noch ein Jaulen.

Zu spät. Krachend donnert ein Kanonenschuss.

Die Eisenbrücke kippt, sie dreht sich der Länge nach um, der Kopf des Kraken verschwindet im Meer, und zum Vorschein kommt die Unterseite der eisernen Brücke – sie ist aus Gold!

Wo eben noch Eisenfuß sich angeklammert hatte, klafft nun eine halbrunde Lücke am Rand des silbernen Segels.

«Armer Teufel», murmelt Randolf.

Die Piraten denken nicht mehr daran, weiterzuschießen. Entsetzt werfen sie die brennenden Fidibusse ins Meer und starren auf die goldene Brücke.

Es ist vollkommen still, als Randolf sich aufrafft.

Er weiß jetzt, was er zu tun hat.

«Du musst nur eine Nacht auf mich warten», sagt er zu Lilli. Dann greift er nach dem Fallreep.

«Bist du sicher, dass du wiederkommen wirst?» In Lillis Augen leuchtet Erschrecken.

Randolf verzieht den Mund zu einem Grinsen, aber seine Augen bleiben ernst. «Es bleibt mir nichts anderes übrig, als darauf zu vertrauen.» Er klettert die Strickleiter herunter zur goldenen Brücke.

«Freundschaft!», sagt Usibepu und lächelt. Er hält Mara im Arm. «Das ist der allergrößte Zauber, den es gibt in der Welt!»

Randolf geht über die goldene Brücke zum silbernen Segel. «Danke, dass du mir über das Wasser hilfst», flüstert er. Er weiß plötzlich, dass er sich keine Sorgen machen muss. Er hat Mitgefühl geschenkt. Das ist es, was jedes Wesen auf dieser Welt nötig hat. Der gepanzerte Polyp hat das Geschenk angenommen, Kapitän Eisenfuß nicht.

Mit Leichtigkeit, ohne zu zögern, finden seine Hände und Füße die nötigen Griffe und Bewegungen, um das silberne Segel zu besteigen. Er weiß selbst nicht, wie das geht, plötzlich sitzt er oben, geborgen wie in einem Sattel, und die Reise geht los.

Ein Gefühl, noch tiefer und intensiver als im Traum. Losgelöst. Frei! Es ist, als ob Randolf seine Flügel ausbreitet und im Licht über das Meer fliegt. Pfeilschnell schießt er dahin, schwebt dabei wie in der Gondel eines himmelhohen Riesenrads, das sich gemächlich dreht, und gleichzeitig sitzt er in der Sonne an einem Strand, lässt eine Hand voll Sand durch die Finger rieseln und hört den Wellen zu, die leise ans Ufer rauschen wie ein ewiger Atem –

Es gibt keine Zeit mehr und keine Entfernungen. Alles ist gleichzeitig, alles am gleichen Ort.

Er reitet das silberne Segel, und er weiß, dass er nie wieder Angst haben wird.

So vieles ist ihm plötzlich klar, er kennt die Antworten auf viele Fragen.

Warten können und auf die Kraft vertrauen – alles, was er braucht, hatte er in sich selbst! Jeder könnte das schaffen!

Die Wellen strömen und plätschern und rauschen, sie erzählen von gestern, von morgen und heute, und alles ist eins.

Würde es ihm heute besser gehen, wenn all das nicht geschehen wäre?

Wenn der Krieg nicht gekommen wäre, hätte er Dok nicht kennen gelernt, und ihm wäre der Schmerz erspart geblieben, ihn sterben zu sehen. Viel Kummer wäre ihm erspart worden.

Und neuer Kummer wäre entstanden. Wenn seine Eltern eines Tages auf natürliche Weise gestorben wären, hätte er sie genauso beweint. Menschen sterben, früher oder später. Abschied ist grausam. Das Leben besteht aus Abschieden. Jeden Tag nehmen wir Abschied von Menschen, mit denen wir uns wohl gefühlt haben, wir nehmen Abschied von Orten, wo wir fröhlich waren, wir nehmen Abschied von dem, der wir gestern gewesen sind, denn morgen sind wir schon wieder ein anderer – jeden Tag ein bisschen anders.

Nichts lässt sich wiederholen, wir können die Zeit nicht anhalten, sie fließt, wie das Wasser, immer weiter.

Und jeden Tag gibt es eine neue Chance für einen neuen Anfang. Die Kraft ist da, und sie funktioniert!

Randolf jagt schaumspritzend durch die Dunkelheit, und gleichzeitig sitzt er behaglich in der Sonne.

Lebendig zu sein ist keine Strafe – es ist ein Geschenk.

Bilder schweben vorbei, die vom silbernen Licht beleuchtet werden. Nein, Randolf selbst schwebt durch diese Bilderwelten.

Es ist wie ein Flug durch die Herzen der Menschen.

Aufgewühlte Herzen. Kummer, Verzweiflung, aber auch Hoffen und Lachen und Freude. Menschen in allen Lebenslagen.

Menschen, die Ideen haben, Menschen, die sich aufraffen und etwas ausprobieren. Menschen, die auf die Nase fallen. Menschen, die Erfolg haben, und Menschen, die nur zusehen, was die anderen tun.

Ein junger Musiker, der auf seinem Instrument übt und plötzlich eine neue Melodie erfunden hat. Kinder, die klettern und balancieren und schwimmen lernen. Ein Mensch rettet einem anderen das Leben.

Menschen, die miteinander reden. Menschen, die schweigen.

Und alle, alle wollen nur das Gleiche: Glück erleben und Leid vermeiden.

Menschen bringen Opfer und bezahlen Geld auf der Jagd nach Glücksmomenten, die rasch wieder vergehen. Sie schlagen um sich, weil sie Angst haben, dass andere ihnen wehtun könnten. Menschen starren auf den verkrüppelten Arm eines Bettlers, sie drängeln sich schaulustig, wenn es einen Toten zu sehen gibt oder einen Henker, der einen Verurteilten hinrichtet.

Das Wasser strömt rauschend dahin, dann gurgelt und gluckst es zwischen den Steinen vor einer Höhle.

Böse Bilder. Ein Soldat sitzt in einer Feuerpause neben einem Kameraden und spielt mit einer Patronenhülse. Er wirft sie in die Luft, fängt sie wieder auf, er wirft, sie fällt zu Boden. Er bückt sich, um sie aufzuheben, da kracht ein Schuss, und sein Kamerad neben ihm wird erschossen. Der Schuss hatte ihm gegolten. Warum er und nicht ich? Schuldgefühle. Angst.

Menschen, die sich einschließen und sich kaum noch trauen, aus dem Haus zu gehen. Misstrauen. Furcht vor den anderen.

Dann: zwei Freunde auf einer Bootstour. Vier Tage lang paddeln sie einen Fluss entlang. Lassen sich mit der

Strömung treiben, gleiten dahin, genießen die Sonne. Abends schlagen sie auf einer Wiese am Ufer ihr Zelt auf. Sie sitzen am Lagerfeuer, über sich Millionen Sterne. Und sie erzählen und lachen. Das gibt es auch. Es passiert.

Und durch jedes dieser Herzen huscht plötzlich – wie ein aufblitzender Funke – ein Blinken des silbernen Segels.

In der Nacht, als Randolf von seinem Ritt zurückkehrt, explodiert das silberne Segel wie ein Feuerwerk.

# Epilog

Mit angehaltenem Atem schauten er und Lilli auf den explodierenden Funkenstaub.

Aus dem Wasser erhebt sich der gepanzerte Polyp und steigt als Schaumnebel in die Morgenröte auf. Er verwandelt sich in ein luftiges Wesen, das Randolf schon früher einmal am Himmel gesehen hat: der Wolkenfisch, der damals, am Anfang seiner Reise, seine Entschlossenheit auf die Probe gestellt hatte. Als er nun wie befreit als Wolke davonschwimmt, erscheint es Randolf, als ob ihm der Riesenfisch noch einmal freundlich zulächelt.

Es ist ein mühsames Unterfangen für die Mannschaft, das Schiff ohne Kapitän zum nächstliegenden Hafen zu segeln. Nach und nach gewöhnen sich die Männer daran, dass sie selbst die Verantwortung tragen. Daddeldu, Zach und Bänki stellen überrascht fest, dass sie schon längst erfahrene Seeleute sind und keine Befehle mehr brauchen, um zu wissen, was zu tun ist. Geduckt unter Eisenfuß, haben sie sich jahrelang klein gemacht und sich selber nie vertraut.

Auch Randolf ist ein anderer geworden durch sein Abenteuer. Er braucht keine Wolfsfellhose mehr, um sich selbst Mut zu beweisen und vor anderen durch sein Äußeres hervorzustechen. Wer ihm in die Augen blickt, erkennt sofort: Das ist ein Mensch, der sich und die Dinge im Griff hat.

Das Gleiche gilt auch für Lilli: Wer sich einmal auf den Weg macht und die Angst vor dem Leben überwindet, braucht keine äußere Sicherheit mehr, sondern ist stark und frei, aus sich selbst heraus.

Mara und Usibepu lassen sich an der Südseeinsel absetzen. Ihre heilenden und hellseherischen Kräfte werden noch heute besungen und von einer Generation an die nächste weitergegeben.

Nich nur in ihren, sondern auch in Lillis und Randolfs Herzen lebt die Erinnerung an Dok weiter und gibt ihnen die Gewissheit, dass es wirkliche Freundschaft gibt über den Tod hinaus.

Wäre all das möglich gewesen ohne die Schläge des Schicksals und ohne die Bosheit des Piratenkapitäns mit dem eisernen Fuß? Auch das Schreckliche und Böse hat seinen Platz in der Welt, es spornt uns an, unsere eigenen Kräfte zu entwickeln, und darum wird es niemals ganz aus unserem Leben verschwinden.

Damals haben die Menschen – für eine Nacht – ganz stark das Licht des silbernen Segels gespürt. Der Krieg, der dreißig Jahre lang gedauert hatte, endete mit dem Westfälischen Frieden.

Millionen und Abermillionen Silberfünkchen schwirren seitdem umher. Nachts tanzen sie durch unsere

Träume und zeigen, dass die Welt nicht immer dunkel bleiben muss. Seit Randolf die Prophezeiung erfüllt hat, ist der Sternenstaub des silbernen Segels für alle da. Als Geschenk an die Menschen.

Die Spielregeln sind immer noch dieselben:

*«Folge dem Wer lernt über Leben GLEICH»*

Wolfram Eicke wurde 1955 in Lübeck geboren. Er arbeitete als Journalist und Moderator bei verschiedenen Radiosendern in Hamburg, Berlin und London; in seiner Freizeit trampte er mit einer Gitarre als Straßensänger durch Europa. Wolfram Eicke schreibt Jugendbücher, Theaterstücke und Musicals. 1988 wurde er mit dem Friedrich-Hebbel-Preis ausgezeichnet.